古代歷史文化研究輯刊

五 編

王明蓀 主編

第11冊

唐代茶業之研究

陳欽育 著

國家圖書館出版品預行編目資料

唐代茶業之研究／陳欽育 著 — 初版 — 新北市：花木蘭文化
出版社，2011〔民 100〕
目 2+166 面；19×26 公分
（古代歷史文化研究輯刊 五編：第 11 冊）
ISBN：978-986-254-236-1（精裝）
1. 茶葉　2. 製茶　3. 唐代
618　　　　　　　　　　　　　　　　　99012980

ISBN-978-986-254-236-1

9 789862 542361

古代歷史文化研究輯刊
五　編　第十一冊　　　　　　ISBN：978-986-254-236-1

唐代茶業之研究

作　　者	陳欽育
主　　編	王明蓀
總 編 輯	杜潔祥
印　　刷	普羅文化出版廣告事業
出　　版	花木蘭文化出版社
發 行 所	花木蘭文化出版社
發 行 人	高小娟
聯絡地址	新北市永和區中正路五九五號七樓之三
	電話：02-2923-1455／傳真：02-2923-1452
電子信箱	sut81518@gmail.com
初　　版	2011 年 3 月
定　　價	五編 32 冊（精裝）新台幣 56,000 元

唐代茶業之研究

陳欽育　著

作者簡介

陳欽育，民國 42 年（1953）生，臺灣雲林縣人，文化大學史學博士。目前任職於國立故宮博物院專門委員（曾分別於民國 69、73 年，通過國家考試——普考、高考「博物館人員」類），並兼任大同大學通識教育中心副教授，專攻歷史、藝術及博物館學。曾發表多篇與臺灣史、中國史及博物館學等相關文章，為學界所引用。近年來，更熱衷於臺灣鄉土踏查，包括臺灣史蹟、文化活動及平埔族後裔等探訪，以貼近鄉土，想像及還原、復振臺灣昔日人文風情。自認為接觸及研究文、史、藝術等，係其人生最踏實且永不渝的志業。

提　　要

　　茶藝文化是我國傳統的固有文化之一，飲茶習俗，在中國歷史悠久，應是世界上最早懂得飲茶的國家，古籍上有關茶的記載不少，茶藝史料豐富，世無其匹，瞠乎其後。而唐代茶風極盛，影響後代極大，造成宋以後各朝茶風鼎盛，政府稅收大增，國用以饒，並視為與外族和議的重要媒介物。因此，唐代的飲茶風氣，實有承先啟後之功，其種種茶事問題，頗值得吾人加以深入的研究，冀明其茶風盛況。

　　本論文內容共分七大章，都十五萬餘言，內容大要如下：

第一章　緒論

第二章　茶之源起及其功用

第三章　飲茶風氣盛行原因及製茶、飲茶方法。

第四章　茶之產銷及其傳播

第五章　茶稅及其與藩鎮之關係

第六章　茶書、茶詩與茶畫。

第七章　結論

　　由於唐代茶風極盛，故茶之形、音、義等三方面，至中唐以後乃正式確立，並成定型。其時製茶、飲茶的方法，皆極講究，瓷製茶器，使用日廣，因而為日後中國製瓷業之發展奠定了基礎。唐人有極豐富的種茶知識，《四時纂要》一書載之甚詳。因此，唐代茶園面積遼闊，江淮一帶人民，大都以種茶為生。唐代國內交通發達，茶之運銷便捷，藉隋所開鑿的運河，及唐代驛道設施完善，驛制健全，江、淮一帶的茶貨，乃源源不絕地輸往北方各地，乃至於洛陽、長安及今湖北、四川一帶，形成「比屋之飲」，並已傳播至域外諸國。

　　中唐以後，國勢愈弱，茶稅收入，正可彌補國用，而藩鎮擅稅茶商，形成其一筆可觀收入，為其坐大、抗命中央之資本。另外，唐代茶書、茶詩和茶畫等作品甚多，正可佐證唐代種種茶事，然為全帙者少，非佚即殘，是其大憾也。

謝　辭

　　本文之撰作，構思良久，其間猥蒙王吉林老師之悉心指導，審愼批閱，並提供寶貴意見；又本校師長程光裕、朱重聖、吳智和、許賢瑤等教授、筆者同事張臨生、陳擎光、廖寶秀、吳昌廉等研究員、朋友張榮芳、張宏庸、戴月芳、宋德喜等，提供寶貴資料及意見，得以順利完成斯篇，惠我良多，一併誌謝。另要感謝家人、拙荊等之鼓勵、協助，及家母代爲照顧襁褓中之幼兒（文承），使筆者無後顧之憂，又不時給予傳統滋補品——人參湯，無任銘感。

目次

第一章　緒　論 ………………………………………………… 1
第二章　「茶」之源起及其功用 ……………………………… 5
　第一節　概　說 ……………………………………………… 5
　第二節　「茶」形、音、義之演變 ………………………… 6
　　一、「茶」形之演變 ……………………………………… 6
　　二、「茶」音之演變 ……………………………………… 9
　　三、「茶」義之演變 ……………………………………… 13
　第三節　「茶」之異名 ……………………………………… 16
　第四節　「茶」之功用 ……………………………………… 20
　　一、功用 …………………………………………………… 20
　　二、成分 …………………………………………………… 21
　　三、副作用 ………………………………………………… 23
第三章　飲茶風氣盛行原因及製茶、飲茶方法 …………… 25
　第一節　飲茶風氣盛行原因 ………………………………… 25
　　一、飲茶緣起 ……………………………………………… 25
　　二、盛行原因 ……………………………………………… 28
　第二節　製茶法及其使用之茶具 …………………………… 33
　　一、製茶方法 ……………………………………………… 33
　　二、茶具 …………………………………………………… 34
　第三節　飲茶法及其使用之茶器 …………………………… 36
　　一、飲茶方法 ……………………………………………… 36
　　二、茶器 …………………………………………………… 38
　　三、茶器拾遺 ……………………………………………… 41
　第四節　其他 ………………………………………………… 43
　　一、茶具與茶器名稱釐正 ………………………………… 43
　　二、唐代製瓷業發達與茶風極盛之關係 ………………… 46
第四章　茶之產銷及其交易方式 …………………………… 49
　第一節　茶之生產 …………………………………………… 49
　　一、生長環境 ……………………………………………… 49
　　二、栽培方法 ……………………………………………… 50
　　三、產區分布 ……………………………………………… 53
　第二節　茶之運銷與傳播 …………………………………… 60
　　一、國內 …………………………………………………… 60
　　二、國外 …………………………………………………… 62

第三節　茶之交易方式 ……………………… 65
　一、國內——錢帛兼行 ……………………… 65
　二、國外——博馬、以物易物 ……………… 68
第五章　茶稅及其與藩鎮之關係 ……………… 73
　第一節　茶稅徵收 …………………………… 73
　　一、背景 …………………………………… 73
　　二、性質 …………………………………… 76
　　三、始年 …………………………………… 80
　第二節　榷茶 ………………………………… 84
　　一、意義 …………………………………… 84
　　二、經過 …………………………………… 84
　第三節　貢茶 ………………………………… 86
　　一、起源 …………………………………… 86
　　二、州郡 …………………………………… 86
　　三、茶役苦況 ……………………………… 88
　第四節　茶稅與藩鎮之關係 ………………… 92
第六章　茶書、茶詩與茶畫 …………………… 95
　第一節　茶書 ………………………………… 95
　　一、足本 …………………………………… 95
　　二、殘卷或輯佚本 ………………………… 98
　　三、存目佚書 ……………………………… 103
　第二節　茶詩 ………………………………… 104
　　一、飲茶與賦詩之關係 …………………… 104
　　二、分類 …………………………………… 105
　第三節　茶畫 ………………………………… 111
　　一、存世唐人繪與茶有關之畫 …………… 111
　　二、唐代茶畫已亡佚者 …………………… 112
　　三、唐代以後之畫家，繪製有關唐代茶人之繪
　　　　畫（存少佚多） ……………………… 113
第七章　結　論 ………………………………… 117
參考書目 ………………………………………… 123
附　圖 …………………………………………… 135
附　記 …………………………………………… 163

第一章 緒 論

　　飲茶一事，在中國歷史悠久。遠者可暫略而不論，近者最遲至西漢（西元前一世紀）時，已有正確可靠的文獻記載飲茶，〔註1〕其間距今已逾二千餘年。反觀域外遠古典籍，有關飲茶之事的記載，則付之闕如。再者，即使被認爲同屬東南亞自然茶園的印度、緬甸、暹邏（今泰國）、交趾支那（今越南）等國，〔註2〕雖有茶樹生存，但其人民卻渾然不知茶爲何物，更遑論知其功效而利用之，故未見資料留存。

　　中國是最早懂得飲茶的國家，故稱爲「飲茶的母邦」亦不爲過。歷朝以來，均留下豐富且信而有徵的飲茶文獻，足見中國飲茶之習俗，已有其悠久的歷史，且飲茶已普及於社會各階層之中。中唐之世（約西元八世紀中葉），飲茶之風已傳遍全國各角落，至於兩都（長安、洛陽）及今湖北、四川一帶，茶已成爲「比屋之飲」。〔註3〕同時，並傳播至四鄰域外各地，如日本、朝鮮、回紇及吐番……等民族，均受到中國飲茶風氣的影響，無不飲茶。

　　中國西南邊陲地帶，崇山峻嶺，草莽叢生，野生茶樹遍布其間，自古已然。唐・陸羽《茶經》、宋・樂史《太平寰宇記》及各地方志，均有野生茶樹的記載，近年在雲南、四川、貴州等地，又續有發現。鄰近邊境的印度、緬

〔註1〕　西漢宣帝時（約西元前59年）蜀人王褒著〈僮約〉中云：「武陽買茶」。可見西漢時，武陽（今四川彭山縣）已是茶貨的集散中心，王褒與家僮（名便了）約法三章，日常俗事除烹茶外，尚須至武陽買茶，足見當時貴族之家，已普遍盛行飲茶之習俗，距今已逾二千餘年的歷史。

〔註2〕　威廉烏克斯（William H. Uklers），《茶葉全書》（桃園，茶學文學出版社，民國77年5月發行）第一章，頁3。

〔註3〕　陸羽，《茶經》（台北，新興書局，民國58年7月發行）卷下之飲，收入宋刻本左圭・百川學海，頁76。

甸、暹羅（今泰國）、越南等國，亦皆有野生茶樹的發現，而野生茶樹發現之地，皆爲大河流經之所，此等河流，則皆發源於西藏高原東端，故有認爲茶發源自同種之說，其原產地在今西藏高原，由西藏高原順著河流漸次分布於上述各地。〔註4〕由藏南高原迤邐而東，地處熱帶季風氣候區，境內高溫多溼，復多高山及丘陵地，地理上與自然條件均適宜種茶，故此一說是對茶樹的原產地問題，較爲客觀而合理的解釋；另從中國飲茶之發展而言，係由西向東，正與茶之原產地爲西藏高原之說相符。

然時下部分國外學者，或爲政治、經濟上之野心，肆意宣傳印度東北之阿薩姆（Assam）爲茶之原產地。〔註5〕此論一出，頓使一般學者頭暈目眩，無所適從，繼而隨聲附和、亦步亦趨，罔顧歷史事實者大有人在。〔註6〕惟事實勝於雄辯，中國有極其悠久且豐富的飲茶史料，可謂俯拾即是，在在皆可爲有力的憑證。扭曲誤解，容或惑人於一時，然中國爲「飲茶的母邦」及茶之原產地等二事實，最終必將爲世人所肯定與承認。

我國古代所遺留下來的飲茶史料，乃是中國甚至是世界上極爲珍貴且不可多得的文化遺產，世無其匹，睥睨全球。因此，吾人當愈益珍視此寶貴遺產，進而發揚光大。反觀鄰國日本，研究中國固有之茶藝文化的風氣極盛，研究學者輩出，著作繁富，儼然以「茶道」〔註7〕之發源地自居，而實爲「茶道」發源地之中國，竟屈居其後，實令人爲之扼腕汗顏不止。

〔註4〕陳祖槼，《中國茶業史略》（台北，東方文化書局，民國68年春季出刊）收入金陵大學金陵學報第十卷第一、二期合刊，頁189。

〔註5〕清宣宗道光三年（1823）英軍入侵印度，英軍軍官勃魯士（Bruce）兄弟於阿薩姆省發現野生大茶樹後，而引起舉世對茶樹原產地的爭議。英國少數學者爲推銷印度茶葉，皆堅持主張印度爲茶之原產地，如布來克（John H. Blake）、易卜生（A. Ibbetson）、貝爾登（Samuel Baildon）、勃朗（Edith A. Browne）等皆是，而認爲中國和日本約在一二〇〇年前由印度輸入茶樹，企圖貶低中國茶業在世界上的地位。

〔註6〕如日本學者佐伯富、加藤繁等亦認爲印度阿薩姆省爲茶之原產地，此乃不查之誤。

〔註7〕「茶道」一詞，首見於唐·封演《封氏聞見記》卷六「飲茶」條，云：「楚人陸鴻漸（羽）爲茶論……有常伯熊者，又因鴻漸之論廣潤色之，于是『茶道』大行……。」由此觀之，封演「茶道」原意，並未視之爲一種繁文縟節和講求崇高無上的義理。中唐時，「茶道」東傳日本後，將中國之飲茶僵化繁衍爲一種沈悶的宗教行茶儀式，「茶道」一詞乃成爲日本概稱飲茶諸事的專用語；而在中國將其視爲生活中飯後餘事的一部分，而以近乎中庸，不是陳義過高的「茶藝」名詞稱之，較切合國人例不輕言「道」的開懷胸襟。

　　爲此，對茶藝文化有興趣的中國學者，應積極參與、投入此浩瀚無垠的茶海研究行列中，冀期迎頭趕上。回顧國內愛好茶藝文化者不乏其人，此正是一片復興中國茶藝文化的大好時機，惟並非坊間茶藝館林立即可濟事，應從研究中國固有的茶藝史料著手，否則徒有茶藝館外殼，而不知中國固有茶藝文化爲何事，人云亦云，甚而錯用固有茶藝文化的名詞而不自知，〔註8〕何來奢談復興中國固有茶藝文化之有乎？值此西洋「咖啡文化」正如排山倒海般地傾瀉入侵之際，如何復興中國固有的「茶藝文化」，乃是吾人責無旁貸的當務之急。

　　中國茶藝文化，林林總總，範圍廣闊，舉凡茶樹生態之研究；茶樹之種植、栽培、產銷、傳播；茶之採、製、飲用方法；茶具、茶器之製作、使用，及茶法（如茶稅、貢茶、榷茶、茶引、茶綱……等）、茶書、茶詩、茶畫……等等之研究，均在其範圍之內。中國飲茶之風，歷久不衰，愈演愈盛，其原因除茶本身之功效外，唐代茶人積極提倡及熱心參與，實居首功。筆者鑒於中國飲茶之風，盛於中、晚唐時期，「茶」形、音、義等三方面之演變，亦至中唐以後始定型，其間之演變，有唐一代實居於關鍵性之地位，而由此更反映出唐代茶風之盛行有以致之。唐代飲茶之風，影響後代極大，造成宋以後各朝茶風鼎盛，政府稅收大增，國用以饒，並視爲與外族和議的重要媒介物。因此，唐代之飲茶，實有承先啓後之功，其茶業發展情形，特值得吾人費心加以研究。又本文之所以以「茶業」一詞爲題，乃因茶業研究範圍較廣，除包括茶葉本身之生態、栽種、產銷……等等問題之研究以外，尚包括茶藝方面之研究，諸如茶具、茶器之製作、使用，及茶書、茶詩、茶畫……等等見證史料，範圍極廣，故以「茶業」一詞爲題，似較貼切，〔註9〕筆者不憚鄙陋，乃擇定此題目作爲研究之對象。

〔註8〕　最顯見的例子，乃是茶具、茶器等二名詞之混用、誤用。陸羽《茶經》卷上、卷下分別列有「二之具」及「四之器」二目，顯見茶具與茶器異部，各代表其不同的意義。茶具乃指採茶、製茶及貯藏餅茶所使用的器具，茶器則指烹茶及飲茶用的器皿而言。自古迄今，二名詞混用或誤用者屢見不鮮，亟待予以釐正。請詳見第三章第四節「一、」之釋析。

〔註9〕　請參閱《茶藝月刊》（台北，陸羽茶藝中心，民國72年7月發行）第二十八期，頁220、其標題：「茶葉＋茶藝等於茶業」，與本文題旨相符。

第二章　「茶」之源起及其功用

第一節　概　說

　　中國古史上有不少神話與傳說，傳說當比神話可靠；而茶亦有其種種不同的傳說，如傳為戰國時代之作品《神農本草》即載：「神農嘗百草，一日遇七十二毒，得茶而解之。」〔註1〕神農氏是中國古代傳說中的「三皇」之一，〔註2〕「茶」即是指茶。上述之記載，僅說明先民將發現茶的功勞，歸之於歷代相傳且無法稽考的古聖先賢的一種託古觀念，顯然不足採信；但根據近代科學分析研究，茶具有解毒、消炎、解渴等功用是不容置疑的。遠古人類在採取草藥時，無意中發現茶之療效，進而加以利用，不無可能。

　　唐人陸羽因襲前說，亦認為飲茶最早起源於神農氏，在其所著的《茶經》卷下〈六之飲〉中云：「茶之為飲，發乎神農氏，聞於魯周公……。」〔註3〕另外，近代在敦煌發現晚唐時期唐鄉貢進士王敷撰《茶酒論》的古寫本中亦云：「竊見神農曾嘗百草，五穀從此得分……。」〔註4〕可見唐時一般人仍深信中國農業、醫藥之發展，皆起源於神農時期。中國之發現茶，且利用茶，當有極其悠久的歷史，它最初係作為藥用，後來才逐漸成為人民日常生活的

〔註1〕佚名，《神農本草》（北京，新華書店，1984年5月發行）陳椽‧《茶業通史》引，第一章，頁2。

〔註2〕司馬遷，《史記》（台北，鼎文書局，民國75年3月出版）卷一〈五帝本紀〉，唐‧張守節正義，頁1。

〔註3〕陸羽，《茶經》（台北，新興書局，民國58年7月發行）卷下〈六之飲〉，收入宋刻本左圭‧《百川學海》，頁760。

〔註4〕王敷，《茶酒論》（台北，新文豐出版公司，民國74年9月出版）收入《敦煌寶藏》第一二三冊，頁472。（編號伯二七一八號）

飲料。唐以前之文士所著古籍中並無「茶」字，代表「茶」義率皆書寫爲「荼」字，亦不唸作如今的「茶」音，「荼」亦有多義，非專指茶；而「茶」之形、音、義的轉變且成定型，其關鍵皆在於唐代，究其原因乃唐代飲茶風氣盛行，飲茶人口日益增多，人民對於「茶」已有普遍的認識，認爲「茶」有必要有其獨立之形、音、義，庶免於與另代表其他意義的「荼」字相混淆。茲爲更進一步明瞭「茶」形、音、義等三方面之演變，謹詳述如下：

第二節 「茶」形、音、義之演變

一、「茶」形之演變

茶、荼二字，字形相似，在字源上定有密切之關係。唐以前的古籍中並無「茶」字，如詩經、儀禮、爾雅、周禮等書中皆作「荼」字：

（一）詩 經

詩經相傳爲西周初期（約西元前 11 世紀）的作品。「荼」首見於《詩經》卷八豳國風〈七月〉篇中：「采荼薪樗，食我農夫」。〔註5〕薪，柴也。樗，即木質粗鬆的臭椿樹。全句文意爲農夫採荼食用，而以樗木當燃料。本句中的「荼」指的是「茶」，〔註6〕然亦有人持異議，認爲「荼」是指「苦菜」，〔註7〕或是「茗」〔註8〕

（二）儀 禮

儀禮相傳爲周公採集殷禮，並加以損益增飾，經後人陸續增補，至孔子加以刪訂而成。《儀禮》卷十三〈既夕〉篇云：「茵著用荼，實綏澤焉」。〔註9〕

〔註5〕鄭玄，《毛詩鄭箋》（台灣中華書局，民國55年3月發行）卷八，頁3。
〔註6〕陳椽，《茶業通史》（北京，新華書店，1954年5月發行）頁12～13。
陳文懷，茶的品飲藝術（台北，時報文化出版企業有限公司，民國76年11月30日出版）頁19。
〔註7〕屈萬里，《詩經詮釋》（台北，聯經出版事業公司，民國75年8月出版）頁267。
于景讓，《說茶》（台北，大陸雜誌，民國66年6月印行）第五十四卷第六期，頁1。
陳祖槼、朱自強，《中國茶葉歷史資料選輯》（北京，新華書店，1981年11月發行）頁10。
〔註8〕見《辭源》（台灣商務印書館，民國63年5月發行）草部，頁1276。
〔註9〕鄭玄，《儀禮鄭注》（台灣中華書局，民國55年3月發行）卷十三〈既夕〉，

言周朝重禮，婚喪祭祀皆以茶爲禮。這裏的「茶」即是指「茶」，〔註10〕惟漢・鄭玄認爲是指「茅秀」。〔註11〕

（三）爾　雅

《爾雅》相傳爲秦、漢間的字書，於卷九〈釋木〉篇云：「檟，苦茶」，〔註12〕東晉・郭璞注曰：

> 小樹如梔子，冬生葉，可煮作羹飲。今呼早采者爲茶，晚取者爲茗，一名荈。蜀人名之苦茶。〔註13〕

郭璞明白地指出茶葉可煮作羹飲，並且區分茶因採摘時間之不同，而有不同的異稱，上述記載充分說明「茶」就是指當時所見的茶樹。在中國古籍上，這是首次明確地記載茶之特徵、用途和各種異名，並使「茶」與「茶」的含義日漸分明。

（四）周禮

《周禮》相傳爲漢・劉歆根據武帝時所獲之周官，予以損益而成，於卷九〈地官〉篇云：「掌茶，下士二人，府一人，史一人，徒二十人。」〔註14〕可見在西周時，茶葉已作爲祭品，並設有專門掌茶之官，聚茶以供喪事之用。〔註15〕惟清・郝懿行《爾雅義疏》及顧炎武《日知錄》中皆云「茶」係指「茅秀」。〔註16〕

此後歷經漢、魏、南北朝、隋人所著之史籍，仍相沿成習皆書作「茶」字，甚至在唐德宗以前之石刻碑銘上，仍沿用「茶」字。例如：

（一）唐玄宗開元十一年（723）李邕撰〈楚州淮陰縣婆羅樹碑幷序〉，〔註17〕文中有「茶毗」二字（如附圖一）。

〔註10〕陳椽，前引書，頁13。
〔註11〕同註9。
〔註12〕郭璞，《爾雅郭注》（台灣中華書局，民國55年3月發行）卷九〈釋木〉，頁10。
〔註13〕同上。
〔註14〕鄭玄，《周禮鄭注》（台灣中華書局，民國55年3月發行）卷九〈地官司徒〉，頁8。
〔註15〕陳椽，前引言，頁3。
〔註16〕郝懿行，《爾雅義疏》（台灣中華書局，民國55年3月發行）下之一〈釋草〉，頁37。
　　　顧炎武，《日知錄》（台北，世界書局，民國73年11月出版）卷七茶，頁171。
〔註17〕見日・藤原楚水，《釋注語石》（日本株式會社省心書房，1975年10月發行）

（二）唐玄宗天寶九年（750）崔琪撰〈唐少林寺靈運禪師功德塔碑銘幷序〉，〔註18〕文中有「茶椀」二字（如附圖二）。

（三）唐代宗大曆十四年（779）泰嶽唐碑中，王圓題名之碑文有「茶藥」二字。〔註19〕

（四）唐德宗建中二年（781）徐浩書〈唐大興善寺故大德大辯正廣智三藏和尚碑銘幷序〉〔註20〕文中有「茶毗」二字（如附圖三）。

（五）唐德宗貞元十四年（798）泰嶽唐碑中，任要題名之碑文有「茶宴」二字。〔註21〕

（六）唐德宗貞元二十一年（805）吳通微書〈唐國師千福寺多寶塔院故法華楚金禪師碑〉，〔註22〕文中有「茶毗」二字（如附圖四）。

「茶」字，雖首見於唐高宗顯慶四年（659）蘇恭等撰之《唐本草》〔註23〕中，並已逐漸轉入「茶」音，其後歷經玄宗、肅宗、代宗及德宗等朝，一般人仍不敢輕易其字，由以上的碑銘可略窺一斑。大凡人們新創一字或新發明一事一物，其間皆須經歷一段漫長的過渡時期，嗣後人們才逐漸適應，進而普遍使用，「茶」字亦然。另因當時交通不便，且教育不普及，思想、知識等各方面之傳佈較為緩慢，故人們尚不普遍使用「茶」字，仍習慣使用「茶」字。

顧炎武曾言：「荼字自中唐始變作茶」，〔註24〕是有他的道理的。因自中唐以後，一方面受陸羽《茶經》、盧仝〈茶歌〉及趙贊〈茶禁〉的影響，全國才逐漸普遍使用「茶」字，他們在詩文中，輒將「茶」字易為「茶」字；另一方面自中唐以後，飲茶風氣盛行，人們對茶已有深刻的認識，認為茶本為木本植物，而非草本植物，於是就將「禾」刪去一筆變為「木」，期使文字與實物相符，一則避免與另有其他含義的「荼」字相混淆，另則使「茶」成為

卷九，頁151。

〔註18〕見日・藤原楚水，前引書，卷三，頁580。

〔註19〕顧炎武，《求古錄》（台灣商務印書館，民國75年3月發行）景印清《文淵閣四庫全書》第六八三冊史部四四一目錄類，頁663。

〔註20〕見日・宮川寅雄、伏見沖敬，《西安碑林書道藝術》（日本株式會社講談社，昭和54年7月發行）頁128。

〔註21〕顧炎武，前引書，頁664。

〔註22〕見日・藤原楚水，前引書，卷三，頁547。

〔註23〕蘇恭等，《唐本草》（台灣商務印書館，民國68年11月發行）收入四部叢刊子部《重修政和經史證類本草》卷十三，頁342。

〔註24〕顧炎武，《日知錄》（台北，世界書局，民國73年11月出版）卷七茶，頁171。

專用字，故自唐文宗以後所立的唐碑上，「荼」字已全改作「茶」字了，例如：

（一）唐文宗時鄭因撰寫的〈百巖太師碑〉及〈懷暉碑〉，〔註25〕文中有
　　　「茶毗」二字。

（二）唐武宗會昌元年（841）柳公權撰〈玄秘塔碑〉，〔註26〕文中有「茶
　　　毗」二字（如附圖五）。

（三）唐宣宗大中九年（855）裴休撰幷書《唐故圭峯定慧禪師傳法碑幷
　　　序》，〔註27〕文中有「茶毗」二字（如附圖六）。

　　由上述碑銘可知，中唐以前，仍多使用）「荼毗」二字；而自中唐以後，
「茶」字已出現，故唐末多改用「茶毗」二字。茶毗，梵語，「焚燒」之意，
即言僧死而焚之也。或作闍毗，亦作荼毗，譯音字本無定，況「荼」、「茶」
古本一字，尤易混也。

　　由以上之碑銘可知，中唐以後，代表茶意義的「荼」字，皆已改寫爲「茶」
字了，同時廢棄所有的異名、代名，除「茗」（如附圖七）字偶而沿用外，均
已統一書寫爲「茶」字。至此「茶」已有其專用字了，不再與「荼」字糾纏
不清。

二、「茶」音之演變

　　唐以前之文士所著的古籍雖無「茶」字，但早在西漢及南朝梁時，已有
近似今之「茶」音出現。顧炎武在《唐韻正》卷四中即言：

　　　荼，（原注）宅加切。古音塗……。按荼蒤之荼與苦菜之荼，本是一
　　　字，古時未分麻韻，荼蒤字亦只讀爲徒。漢魏以下，乃音宅加反……，
　　　梁以下始有今音，又妄減一畫爲茶字。〔註28〕

顧炎武言「荼」在「漢魏以下，乃音宅加反」，即言漢魏以下「荼」音爲「ㄓ
ㄚ」，此音已近似於今「ㄔㄚˊ（茶）」音了。惟顧炎武未載明其所依據之史
料，但吾人相信他絕非憑空杜撰，他當閱讀過漢、魏間記載有關「茶」音之
史料。

　　古人著作繁富，浩如煙海，惟古籍歷經劫難，存世者百不得一，造成後

〔註25〕陳祖槼、朱自振，前引書，頁11。
〔註26〕見日・藤原楚水，前引書，卷二，頁260。
〔註27〕見日・藤原楚水，前引書，卷七，頁513。
〔註28〕顧炎武，《唐韻正》（台灣商務印書館，民國75年3月發行）卷四，收入景印
　　　清《文淵閣四庫全書》第二四一册，頁220。

人研究上極大的障礙。上述顧氏所言，其所依據之史料，已渺然無法稽考，然吾人從西漢・孔安國注《尚書》顧命篇之字裡行間中，仍可尋得一點蛛絲馬跡，冀期與顧氏之宏論相聯繫，爰略抒管見於後：

孔安國注《尚書》卷十一〈顧命篇〉云：

乃受同瑁，王三宿、三祭、三咤。（西漢孔安國原注）咤，陟嫁反。又音妠。〔註29〕

孔安國，西漢曲阜人，字子國，孔子十二世孫，武帝時爲諫議大夫，受尚書於伏生。上句文意古、今人見解、觀點迥異。漢・鄭玄注「咤」爲「却行」之意，全句意爲「（周成）王徐行前，三祭，又三却，復本位。」〔註30〕漢・許慎《說文解字》注「咤」通「詫」字，云：「奠爵酒也」，〔註31〕意即（周成）王三進爵三祭酒，以祭拜祖先。另爲今人陳椽等學者均解釋爲「茶」義。〔註32〕因周朝重禮，婚喪祭祀皆以茶爲禮，故西周設有「掌茶」之官，專掌聚茶以供喪事之用。孔安國注「咤」音爲「陟嫁反」，即今「ㄓㄚ」音。

又西漢武帝時，司馬相如著〈凡將篇〉中云：

烏喙、桔梗、芫華、欵冬、貝母、藥蕪、芩草、芍藥、桂、漏蘆、蜚廉、雚菌、荈詫、白斂、白芷、菖蒲、芒消、芫、椒、茱萸。〔註33〕

荈，《爾雅》卷八〈釋木〉郭璞注曰：晚取之茶爲茗，一名荈，〔註34〕故「荈」即是「茶」之意。唐・章懷太子（李賢）注「咤與詫通」，〔註35〕而司馬相如以「荈詫」並稱，「詫」即是指當時之「茶」，以此「荈詫」之意佐證「三咤」爲祭祀以茶爲禮，近人之解釋不無道理。

〔註29〕孔安國，《尚書孔傳》（台灣中華書局，民國55年3月發行）卷十一〈顧命篇〉，頁9。

〔註30〕孫星衍，《尚書今古文注疏》（台北，文津出版社，民國76年9月出版）頁502～503。

〔註31〕許慎，《說文解字》（台灣商務印書館，民國68年11月發行）收入四部叢刊正篇第四冊，頁66。

〔註32〕陳椽，前引書，頁15。
陳文懷，前引書，頁24。
吳振鐸，《從茶藝的涵義談到中國青茶的特徵》（台北，陸羽茶藝中心，民國72年10月發行）收入《茶藝月刊》第三十一期，頁243。

〔註33〕司馬相如，《凡將篇》（台北，藝文印書館，民國66年印行）頁1。

〔註34〕郭璞，前引書，卷八〈釋木〉，頁10。

〔註35〕丁福保、仲祐，《說文解字詁林》（台灣商務印書館，景印楊家駱先生藏本）第十冊，頁6923。

故專以「茶」之音而言，孔安國注「咤」音爲「陟嫁反」——即今「ㄓㄚ」音，已近似今「ㄔㄚˊ（茶）」音了。由上所言，即表示在西漢時便有近似今之「茶」音出現，這是中國古籍最早出現有近似今之「茶」音的記載，惟「茶」字尚未出現。

其次，近似今之「茶」音至南朝梁武帝時又出現。梁武帝大同九年（543）顧野王（希馮）撰〈玉篇〉中云：

> 茶，（原注）杜胡切，苦菜也。又爾雅曰檟，苦茶。（郭璞）注云：
> 樹小似梔子，冬生葉，可煮作羹飲。又除加切。〔註36〕

顧野王（希馮）注「茶」音爲「除加切」——即今「ㄔㄚ」音，已極接近今「ㄔㄚˊ（茶）」音了，此即表示在南朝時又出現近似今之「茶」音，惟在當時「除加切」音（ㄔㄚ）仍未被廣泛採用，「茶」字亦尚未出現，「茶」仍是多義，此「茶」乃是「茶」之借用字。顧炎武所言：「梁以下始有今音，又妄減一畫爲茶字」，不知其所依據的史料爲何？果真茶「又妄減一畫爲茶字」，則「茶」字已提前於六世紀初南朝梁（502～549）時即已出現了，不必等到唐高宗顯慶四年（659）蘇恭等撰之《唐本草》中才出現。

唐代以後，一般人皆認爲至唐初始轉入茶音，如南宋・魏了翁〈邛州先茶記〉即言：

> 且茶之始，其字爲茶。……陸顏諸人，雖已轉入茶音，而未敢輕易
> 字文也。〔註37〕

魏了翁似不知早在漢、魏、南北朝之際，即已轉入茶音，但未廣爲人們所採用耳。至唐初以後，始逐漸爲人所採用，則是事實。如唐陸德明（550～630）注《尚書》、《經典釋文》和顏師古（581～645）注《漢書》地埋志、及注〈匡謬正俗〉「苦菜」條中，即載有「茶」音之雛形：

（一）尚書釋音：陸德明注《尚書》顧命篇「詫」曰：

> 咤，（原注）陟嫁反，字作宅，又音妊，徐又音託，又豬夜反。說又
> 作詫，丁故反，奠爵也。馬本作詫，與說文音義同〔註38〕

〔註36〕顧野王（希馮），《玉篇》（台灣中華書局，民國55年3月發行）卷中〈草部〉，頁22。

〔註37〕魏了翁，《邛州先茶記》（台灣商務印書館，民國68年11月發行）收入四部叢刊正篇第六〇冊《鶴山先生大全文集》，卷四十八，頁413。

〔註38〕陸德明，《尚書釋音》（台北，新文豐出版公司，民國74年1月發行）收入叢書集成新編第一〇六冊，頁60。

「咤」之意爲「茶」，其說見前。陸德明注「咤」音爲「陟嫁反」——即今「ㄓㄚ」音，已近似今「ㄔㄚˊ（茶）」音，故初唐亦有近似今之「茶」音了。

（二）經典釋文：陸德明《爾雅音義》卷三十釋「荼」曰：

> 荼，（原注）音徒，下同，埤蒼作檟。案今蜀人以作飲，音眞加反，茗之類。〔註39〕

陸德明注「荼」，其義很明顯係指「茶」，惟當時「茶」字仍未出現。陸德明注「荼」音爲「眞加反」——即今「ㄓㄚ」音，已近似今「ㄔㄚˊ（茶）」音，故初唐已有近似今之「茶」音出現。

（三）漢書地理志：顏師古注《漢書》卷二十八〈地理志〉「荼陵」曰：「荼，音弋奢反，又音丈加反。」〔註40〕顏師古注「荼」音爲「丈加反」——即今「ㄓㄚ」音，已近似今「ㄔㄚˊ（茶）」音，故可證明初唐已有近似今之「茶」音了。

（四）匡謬正俗：顏師古於卷八注〈苦菜〉條云：

> 苦菜，本草云：苦菜，味苦，名茶草，一名游冬，生益州川谷及山陵旁，陵冬不凋死。陶公宏景注云：疑此即今茗，茗一名荼，又令人不眠，今陵冬不凋，而嫌其止生益州，益州乃有苦䕪耳。桐君藥云：苦菜三月生扶疎，六月華從葉出，八月實落，根後生，冬不枯，今茗極似此。按此苦菜，即詩人所稱：誰謂荼苦。荼，音塗，其狀全似苦蘵而細葉，斷有白汁，味極苦，陵冬不凋，桐君所說正得體狀。近來諸人無識之者，今蜀之俗，謂苦菜者，即爾雅所謂䕪黃蘵爾。陶公雖知俗呼苦䕪爲苦菜，而不識其苦菜之形，以其一名荼，乃將作茗，巧說滋蔓，祇增煩惑，且本草說，其主疾病，功力甚多，茗草豈有此效乎？〔註41〕

顏師古引用陶宏景注及桐君藥之說，並將文中之「荼」全改爲「茶」，可見當時已有「茶」字了；否則，此「茶」字即是後人筆誤或刊誤。當時既有不同於「荼」之「茶」字，當有其獨立之「茶」音了。

由上所述，「茶」音係由漢、魏、南北朝至唐逐步演化而成。西漢先有「陟

〔註39〕陸德明，《經典釋文》（台灣商務印書館，民國68年11月發行）卷三十，收入四部叢刊正編，頁422。

〔註40〕顏師古，《注漢書地理志》（台北，鼎文書局，民國75年10月出版）卷二十八〈地理志〉，頁1639。

〔註41〕顏師古，《匡謬正俗》（台北，世界書局，民國52年4月出版）卷八，頁119～120。

嫁反」或「宅加反」等音（皆為今业丫音），至南朝梁時又有「除加切」音（即今彳丫音）。由漢之「业丫」音，至南朝梁之「彳丫」音，顯示已逐漸演化成近似今之「彳丫ˊ（茶）」音了。唐代承繼前代之「陟嫁反」和「眞加反」、「丈加反」等音（均為今业丫音），而有別於古來沿用不絕之「杜胡切」（今ㄉㄨ音）或「丁故反」（今ㄉㄨ音）之「荼」音。可見新創一事、一物，必須經過一段醞釀之過渡期，嗣後經多數人之認同與許可，形成一種共識後，人們方易接納採行。唐初，代表「茶」義之「荼」既已逐漸演變為「业丫」音，唐人並體認出「荼」字既已形成二異音，自須創出與「荼」有別之「茶」字，以配合另一異音，於是乎「茶」字乃應運而生，「茶」音亦已形成而有別於「荼」音了。

三、「荼」義之演變

唐以前，「荼」是個多義字，並不專指「茶」，它另有其他之意義。因此，「荼」在意義解釋上往往遭致極大的困擾，頗不容易確切掌握它所代表的意義，即使晚至清朝亦然。因此，各家解釋紛歧，人言人殊，令人無所適從，故唐代創立「茶」字，使其在意義上脫離「荼」之範圍，是有它的道理在。「荼」之意義，其中之一即是指「茶」，它最易與苦菜、茅秀、虎杖、委葉等之意義相混淆，爰再加詳述，以資區別。

（一）苦　菜

《爾雅》卷八釋「荼」曰：「苦菜」，〔註42〕郭璞注引詩曰：「誰謂荼苦，苦菜可食」。〔註43〕陸羽《茶經》卷下〈七之事〉引〈本草〉注云：「按詩云：誰謂荼苦，又云堇荼如飴，皆苦菜也。」〔註44〕顧炎武《日知錄》卷七亦云：

> 今以詩考之，邶谷風之荼苦、七月之采荼、緜之堇荼，皆苦菜之荼
>
> 也。又借而荼毒之荼，桑柔湯誥，皆苦菜之荼也。〔註45〕

詩經中之「荼」，大體而言指「苦菜」無疑，然茶葉亦可供菜食，亦屬苦菜之一。因此，吾人並不排除《詩經》中之「荼」，亦可指「茶」。

至其形狀，北齊·顏之推《顏氏家訓》卷六〈書證篇〉云：「葉似苦苣而

〔註42〕郭璞，前引書，卷八〈釋草〉，頁3。
〔註43〕同上。
〔註44〕陸羽，前引書，卷下〈七之事〉，頁772。
〔註45〕顧炎武，《日知錄》（台北，世界書局，民國73年11月出版）卷七荼，頁172。

細，摘斷有白汁，花黃似菊。」〔註46〕（如附圖八）同書又載：

> 江南別有苦菜，葉似酸漿，其花或紫或白，子大如珠，熟時或赤或
> 黑，此菜可以釋勞。〔註47〕

由此可知，苦荬之種類繁多，不僅只有一種，應凡是蕒苣類之植物皆屬之。
蕒苣類植物，皆帶苦味，吾人欲確切指係那一種植物，恐有困難。

（二）茅 秀

　　指白茅之植物（如附圖九），故《詩經》卷四〈鄭國風・出其東門〉篇云：
「有女如荼」，〔註48〕鄭玄注「荼」指茅秀，〔註49〕意指仕女眾多，其服如茅
穗之白也。又《國語》卷十九〈吳語〉篇云：

> （吳王夫差）爲萬人以爲方陳（陣），皆白常白旂素甲白羽之矰，望
> 之如荼。〔註50〕

三國吳・韋昭（即韋耀，避司馬昭諱也）注「荼」曰：「茅秀也」。〔註51〕吳
語述吳王夫差以士兵萬人操演排練作戰之方陣，將士手持白常白旗及飾有白
羽之矰，遠遠望去一片白旗海，有如茅穗之色白也。

　　又《周禮》卷四十〈考工記〉云：「鮑人之事，望而眡之，欲其荼白也。」
〔註52〕鄭玄注「荼」爲「茅秀」之意。〔註53〕意即鮑人柔治的韋革，在遠處
望去，其顏色猶如茅秀一樣的白。

　　上述之「荼」皆指「茅秀」，清顧炎武《日知錄》及郝懿行《爾雅義疏》
〔註54〕均主此說，惟二人所言《周禮》卷九〈地官〉：「掌荼」及鄭玄注《儀
禮》卷十三〈既夕禮〉：「茵著用荼，實綏澤焉」二句中之「荼」亦指「茅秀」，
似有待商榷。

〔註46〕顏之推，《顏氏家訓》（台北，漢京文化事業有限公司，民國72年9月出版）
　　　　卷六〈書證篇〉，頁377。
〔註47〕同上。
〔註48〕鄭玄，《毛詩鄭箋》（台灣中華書局，民國55年3月發行）卷四，頁17。
〔註49〕同上。
〔註50〕韋昭，《國語・注吳語》（台灣商務印書館，民國68年11月發行）卷十九〈吳
　　　　語〉，收入四部叢刊正篇第十四冊，頁140。
〔註51〕同上。
〔註52〕鄭玄，《周禮鄭注》（台灣中華書局，民國55年3月發行）卷四十〈考工記之
　　　　職〉，頁14。
〔註53〕同上。
〔註54〕同註45。郝懿行，前引書，頁37。

（三）虎　杖

《爾雅》卷八〈釋荼〉曰：「虎杖」，〔註55〕郭璞注曰：「似紅草而龗（粗）大，有細刺，可以染赤。」〔註56〕宋·邢昺《爾雅疏》卷八〈釋草〉云：「荼，一名虎丈」。〔註57〕清·郝懿行《爾雅義疏》下之一〈釋草〉云：

> 荼，即紅草之大者。本草陶注曰：野甚多，狀如大馬蓼，莖斑而葉
> 圓。〔註58〕

由上述可知，荼，一名虎杖，其形狀似紅草之大者，有細刺，可以染赤，莖有斑而葉圓（如附圖一○）。

（四）委　葉

《爾雅》卷八〈釋荼〉曰：「委葉」，〔註59〕郭璞注引詩云：「以茠荼蓼」。〔註60〕邢昺《爾雅疏》卷八〈釋草〉云：「荼，一名委葉」。〔註61〕顧炎武《日知錄》卷七茶中云：

> 王肅説詩云：「荼，陸穢草」。然則荼者，原田蕪穢之草，非苦茶也。……
> 良耜之荼蓼，委葉之荼也。〔註62〕

由上述可知，荼，一名委葉，指陸地上蕪穢之草（如附圖一一）而言。

（五）茶

《爾雅》卷九〈釋櫃〉曰：「苦茶」，〔註63〕郭璞注曰：

> 小樹如梔子，冬生葉，可煮作羹飲。今呼早采者爲茶，晚取者爲茗，
> 一名荈，蜀人名之苦茶。〔註64〕

郭璞首次明確地描述了茶樹的形狀、生態、用途及異名等，謂茶樹形似梔子（如附圖一二），冬生葉，可煮作羹飲食用，晉時稱早採爲茶，晚採爲茗，又稱荈，四川人稱爲苦茶（如附圖一三）。

〔註55〕同註42。

〔註56〕同上。

〔註57〕邢昺，爾雅注疏（台灣中華書局，民國55年3月發行）卷八〈釋草〉，頁2。

〔註58〕郝懿行，《爾雅義疏》（台灣中華書局，民國55年3月發行）下之一〈釋草〉，頁4。

〔註59〕郭璞，前引書，卷八〈釋草〉，頁16。

〔註60〕同上。

〔註61〕邢昺，前引書，卷八〈釋草〉，頁9。

〔註62〕同註45。

〔註63〕同註12。

〔註64〕同上。

　　初唐承襲前朝，已漸有「荼」音及「荼」字了，如陸德明《爾雅音義》釋「荼」音為「眞加皮」、顏師古注《漢書》〈地理志〉荼陵之「荼」音為「丈加反」，及高宗顯慶四年（659）蘇恭等撰之《唐本草》中，「茶」字首次出現。又如陸羽《茶經》一書中，幾乎將「荼」字改為「茶」字。凡此皆說明初唐以後，茶之形、音、義已漸趨獨立，茶字已出現，茶音亦逐漸形成，尤其茶義已甚明確，不再與苦菜、茅秀、虎杖、委葉等植物相混淆和誤解了。

第三節　「茶」之異名

　　中國地大物博，輻員遼闊，各地有其不同的風俗異言。對物的稱呼，因人、因時、因地而異；茶亦不例外，雖「同物」而有各種不同的「異名」，這種「同物異名」的情形，在中國古籍上屢見記載。〔註65〕茶在陸羽時代，即有許多異名，在其所著《茶經》卷上〈一之源〉中云：

　　　　茶者，南方之嘉木也。……其樹如瓜蘆……其名一曰茶、二曰檟、
　　　　三曰蔎、四曰茗、五曰荈。〔註66〕

由此可知，茶在陸羽時代已有瓜蘆、檟、蔎、茗、荈等不同的異名。另外還有咤、過羅、物羅、果羅、苦芀、苦蕘……等。茲詳述如下：

（一）皋　蘆

　　即瓜蘆，音近，它是一種野生喬木型大葉種茶樹（如附圖一四），一主是茶樹的原種。〔註67〕陸羽《茶經》卷上〈一之源〉云：

　　　　一尺二尺，迺至數十尺，其巴山、峽川有兩人合抱者……。〔註68〕

上述陸羽所言，即是指「瓜蘆」種的野生大茶樹，故有至數十尺須兩人合抱者。他又注云：「瓜蘆木出廣州，似茶，至苦澀。」〔註69〕其味道正與茶相似。唐・陳藏器〈本草拾遺〉云：

　　　　皋蘆葉……出南海諸山，葉似茗而大，南人取作當茗，極重之。廣
　　　　州記曰：新平縣出皋蘆。皋蘆，茗之別名也。〔註70〕

〔註65〕耿煊，《詩經中的經濟植物》（台灣商務印書館，民國63年10月發行）頁70。
〔註66〕陸羽，前引書，卷上〈一之源〉，頁737。
〔註67〕陳椽，前引書，頁39。
〔註68〕同註66。
〔註69〕同上。
〔註70〕陳藏器，《本草拾遺》（台灣商務印書館，民國68年11月發行）四部叢刊子

《廣州記》載臯蘆爲茗之別名，亦即是茶之別名。唐・陸龜蒙〈茶鼎〉詩亦載有「且共薦臯蘆，何勞傾斗酒」〔註71〕的詩句，可見唐人亦取臯蘆葉當茗飲。臯蘆即是喬木型大葉種茶樹，故亦可視爲茶之別名。

（二）櫧

首見於《爾雅》卷九〈釋櫧〉曰：「苦荼」，〔註72〕郭璞注爲「可煮作羹飲」的茶樹。〔註73〕陸羽《茶經》卷下〈五之煮〉亦言：「其（指茶）味甘，櫧也」。〔註74〕由上述可知，櫧即是指茶，爲茶之異名。

（三）蔎

漢・揚雄〈方言〉中云：「蜀西南人謂茶曰蔎」。〔註75〕可見「蔎」即是四川西南部人稱「茶」的土語，有其地域性之特質，陸羽當閱過此則史料，或當時四川西南部人仍沿稱「茶」爲「蔎」，故載於其《茶經》中，爲後世備存茶之異名的史料。

（四）茗

許慎《說文解字》云：「茗，荼芽也」，〔註76〕即今稱「茶芽」也。《爾雅》郭璞注亦云：「早采者爲荼，晚取者爲茗」，〔註77〕顯然在晉時稱晚採的茶葉爲茗。晉・常璩《華陽國志》卷一〈巴志〉載云：「（巴蜀）其果實之珍者……園有芳蒻、香茗。」〔註78〕茗即是指茶。陸羽《茶經》卷下〈七之四〉中引《茶陵圖經》云：「茶陵者，所謂陵谷生茶茗焉」。〔註79〕陸羽《茶經》中屢見「茗」字，均指「茶」義，即表示茗乃茶之異名。

（五）荈

　　部《重脩政和經史證類本草》引，卷十二，頁 327。

〔註71〕清聖祖御定，《全唐詩》（台北，明倫出版社，民國 60 年 10 月出版）卷六二〇〈陸龜蒙〉，頁 7145。

〔註72〕同註 12。

〔註73〕同上。

〔註74〕陸羽，前引書，卷下〈五之煮〉，頁 760。

〔註75〕揚雄，《方言》（台北，新興書局，民國 58 年 7 月發行）宋刻本左圭《百川學海》，茶經卷下〈七之事〉引，頁 764。

〔註76〕許慎，前引書，頁 12。

〔註77〕同註 12。

〔註78〕常璩，《華陽國志》（台灣中華書局，民國 55 年 3 月發行）卷一〈巴志〉，頁 1。

〔註79〕同註 44。

　　最早見於司馬相如〈凡將篇〉，他將代表茶義的「荈詫」〔註80〕二字與諸中藥並列。三國志《吳書》卷六十五〈韋曜傳〉云：「（孫皓）或密賜（韋曜）茶荈以當酒……。」。〔註81〕荈，明顯的是指茶。《爾雅》郭璞注亦云「早采煮爲茶，晚取者爲茗，一名荈。」此即表示晉時稱晚茶的茶葉爲「荈」。陸羽《茶經》卷四〈五之煮〉中亦稱：「……不甘而苦，荈也。」〔註82〕皮日休〈茶塢〉詩中有「種荈已成園，栽葭寧記畝」〔註83〕及〈茶人〉詩中有「語氣爲茶荈，衣香是煙霧」〔註84〕等詩句，明顯地表示荈，即是指茶，乃茶之異名。

（六）咤

　　首見於《尙書》卷十一〈顧命篇〉中云：「王三宿、三祭、三咤」，〔註85〕西漢孔安國注「咤」音爲「陟嫁反」，〔註86〕顯見西漢時已有近似今之「茶」音，今人有解釋爲「茶」義的。這是周成王的遺囑，交待其死後，以三祭三茶之禮祭祀之。另外，司馬相如〈凡將篇〉記載十九味中藥草名，其中一味是「荈詫」。〔註87〕唐章懷太子（李賢）注「咤與詫」通，〔註88〕「荈詫」並稱爲指茶，故咤當亦是指茶，爲茶之異名。

（七）過羅、物羅、果羅

　　唐・陳藏器〈本草拾遺〉引《南越志》云：

> 龍川縣（今廣東東部）出臯蘆，葉似茗，味苦澀，土人爲飲，南海
> 謂之過羅，或曰物羅，皆夷語也。〔註89〕

由此可知，南海人稱龍川縣所產之臯蘆爲過羅或物羅，顯係南海地方上之土語，與臯蘆音近，皆爲茶之異名。

　　另外，宋・楊伯嵒〈臆乘〉引《南越志》云：「茗，苦澀謂之果羅」。〔註90〕

〔註80〕同註33。
〔註81〕陳壽，《三國志》（台北，鼎文書局，民國76年5月出版）卷六十五《吳書》〈韋曜傳〉，頁1462。
〔註82〕同註74。
〔註83〕清聖祖御定，前引書，卷六一一〈皮日休〉，頁7053。
〔註84〕同上。
〔註85〕同註29。
〔註86〕同上。
〔註87〕同註33。
〔註88〕同註35。
〔註89〕同註70。
〔註90〕楊伯嵒，《臆乘》（台灣商務印書館，民國61年12月發行）《說郛》卷二十一，

過羅、物羅、果羅皆為皋蘆之音變，係地方性之土語，均為茶之異名。〈臆乘〉
載其味苦澀，與前諸書之記載相符。

（八）苦蓉、苦芛

明・李時珍《本草綱目》卷三十二〈皋蘆〉條云：

> 皋蘆葉，狀如茗，而大如手掌，捼碎泡飲，最苦而色濁，風味比茶
> 不及遠矣！今廣人用之，名曰苦蓉。〔註91〕

清・李調元《南越筆記》卷十六〈粵中諸茶〉條亦云：

> 南越志稱龍川縣出皋蘆葉，葉大而澀，南海謂之過羅，今稱為苦芛，
> 芛亦作蓉。〔註92〕

由此可見，苦蓉，苦芛即是指皋蘆，它係地方性之俚語，稱呼各異，均為味
至苦澀的的大葉種茶樹，皆為茶之異名。

其他，如魏晉南北朝所慣用之「漏卮」、「酪奴」、「水厄」〔註93〕等名詞，
均係北朝人歧視南人茗飲之揶揄用語。北朝人常食羊肉及酪漿等物，少飲茶，
而南方因天氣炎熱，水份蒸發量大，為因應生理上之需要，故南人常飲用多
量之茶水。久之，即成為茶之代用語，然總不免有嘲弄的意味。

茶為何有如此多的「同物異名」呢？除了因中國輻員遼闊，各地有其不
同的俚語外，還因中國古代教育不普及、交通不發達，形成地域上之隔閡，
其結果造成語言、文字上之不統一；加以茶樹在中國分布地區極廣，以及茶
樹品種繁多，外形差異大，人民在不同地區，不同時期發現，因此也就產生
了各地區和各時期不同的異名。惟自中唐以後，「茶」的稱呼已漸趨統一，除
「茗」字偶而沿用外，其餘的異名、代名皆已廢棄不用了。這除受陸羽《茶

〔註91〕李時珍，《本草綱目》（台北，鼎文書局，民國62年9月出版）卷三十二，頁1072。

〔註92〕李調元，《南越筆記》（台北，藝文印書館，民國58年印行）卷十六，收入《百部叢書集成》之三七（函海本），頁8。

〔註93〕楊衒之，《洛陽伽藍記》（台北，正文書局，民國71年9月發行）卷三〈報德寺〉，頁136。

北魏・楊衒之《洛陽伽藍記》卷三〈報德寺〉載：（南齊人王）肅初入國（北魏），不食羊肉及酪漿等物，常飯鯽魚羹，渴飲茗汁。京師士子，見肅一飲一斗，號為「漏卮」……彭城王（元勰）重謂（肅）曰：「卿明日顧我，為卿設邾莒之食，亦有酪奴。」因此復號茗飲為酪奴。時給事中劉縞慕肅之風，專習茗飲。彭城王謂縞曰：「卿不慕王侯八珍，好蒼頭水厄……。」

經》、盧仝〈茶歌〉、趙贊〈茶禁〉〔註 94〕等之影響外，與自中唐以還，飲茶風氣盛行，人民因舉行茶宴，互為酬酢，往來頻繁，彼此贈茶，切磋茶藝，無形中統一了對茶的認知及對「茶」字的使用，與此有極密切的關係。

第四節　「茶」之功用

一、功　用

　　茗飲，自古以來即為中國人所喜好，已有其悠久的歷史。究其原由，必定由於茶有其獨特的功用，且利遠大於弊，始能為廣大群眾所接受。至其具有那些功用呢？〈神農食經〉云：「茶茗久服，令人有力悅志」，〔註 95〕意即飲茶能令人神智怡悅，精力充沛。晉・張華《博物志》卷第二云：「飲真茶，令人少眠」，〔註 96〕其意為茶具有提神醒腦的作用，因此飲茶可使人減少睡眠。

　　茶性微寒，無毒，味苦而甘，故又稱為「苦茶」。其功用，《本草》〈木部〉云：

　　　　主瘻瘡、利小便、去痰渴熱、令人少睡……主下氣、消宿食……。
　　　　〔註 97〕

《本草》明言茶有解毒作用，可去瘻瘡，又言飲茶有利尿、去痰解渴、少眠、去風氣、幫助消化等功用。唐・虞世南《北堂書鈔》云：

　　　　芳冠六清，味播九區……，調神和內，倦解慵除，益思少臥，輕身
　　　　明目。飲茶令人少眠，煩悶恒假真茶。〔註 98〕

陸羽對茶性與功用，尤有深刻的體認，他在《茶經》卷上〈一之源〉中云：

　　　　茶之為用，味至寒，為飲最宜精行儉德之人。若熱渴、凝悶、腦
　　　　疼、目澀、四支煩、百節不舒，聊四、五啜，與醍醐、甘露抗衡

〔註 94〕魏了翁，《邛州先茶記》（台灣商務印書館，民國 68 年 11 月發行）收入四部叢刊正篇第六○冊《鶴山先生大全文集》，卷四十八，頁 413。
〔註 95〕《神農食經》（台北，新興書局，民國 58 年 7 月發行）陸羽《茶經》卷下〈七之事〉引，頁 763。
〔註 96〕張華，《博物志》（台灣學生書局，民國 69 年 6 月發行）卷第二，頁 40。
〔註 97〕本草・木部（台北，新興書局，民國 58 年 7 月發行）陸羽《茶經》卷下《七之事》引，頁 772。
〔註 98〕虞世南，《北堂書鈔》（台灣商務印書館，民國 75 年 3 月發行），景印《清文淵閣四庫全書》第八八九冊，頁 738。

也。〔註99〕

由此皆可見其功效。唐‧陳藏器〈本草拾遺〉亦云：

> 茗，苦檟。寒，破熱氣、除瘴氣、利大小腸……久食，令人瘦、去
> 人脂、使不睡。〔註100〕

陳藏器揭示茶效「令人瘦、去人脂」，更是現代人的健康飲品，免去諸多文明病的遺害。唐人裴汶對茶性、茶效亦有極中肯之論，在其〈茶述〉遺文中言：

> ……（茶）性精清，其味浩潔，其用滌煩，其功致和，參百品而不
> 混越……人人服之，永永不厭，得之則安，不得則病。〔註101〕

裴汶極力提倡飲茶，力闢時謠，並惟恐至精之茶味或遺，因作《茶述》。

唐代詩文亦多論及茶之功效，其中以盧仝的七碗茶詩最為有名，至今仍為後人吟誦不已，其詩原題為〈走筆謝孟諫議寄新茶〉詩，云：

> ……一碗喉吻潤，二碗破孤悶，三碗搜枯腸，唯有文字五千卷，四
> 碗發輕汗，平生不平事，盡向毛孔散，五碗肌膚清，六碗通仙靈，
> 七碗喫不得也，唯覺兩腋習習清風生。〔註102〕

盧仝對茶精神面之功效，描繪得淋漓盡致，不違茶效之事實。

由上所述，可知茶之功效極多，故唐自陸羽、盧仝等人的大力提倡下，飲茶之風迅即傳遍國內各地，並為域外四鄰諸國所喜愛。尤其，因茶具有解熱、消食、去膩等作用，而西北民族以飲乳、食肉為生，正須此物以消食、解渴、去熱，故自唐以來，茶即為西北民族所重視，他們經常「大驅名馬，市茶而歸」，〔註103〕視茶為旦夕不可或缺之物。

二、成　分

古人長期累積了飲茶的經驗，僅先瞭解茶之藥性與功用，而對其組成的

〔註99〕陸羽，《茶經》（台灣，新興書局，民國58年7月發行）卷上〈一之源〉，收入宋刻本，左圭《百川學海》，頁738。

〔註100〕陳藏器，《本草拾遺》（台灣商務印書館，民國68年11月發行）四部叢刊子部《重脩政和經史證類本草》卷十二引，頁342。

〔註101〕斐汶，《茶述》（台灣商務印書館，民國75年3月發行）景印清《文淵閣四庫全書》第八四四冊，清‧陸廷燦《續茶經》卷上之一引，頁664。

〔註102〕盧仝，〈走筆謝孟諫議寄新茶〉（台北，明倫出版社，民國60年10月出版）收入《全唐詩》卷三八八，頁4379。

〔註103〕封演，《封氏聞見記》（台北，世界書局，民國52年4月發行）卷六〈飲茶〉，頁47，收入《晉唐劄記》六種。

成分則因古代科學不發達，及未有科學儀器等設備，無法化驗分析其成分，因此有關其成分資料，古來即闕而不載。近人以科學方法分析，知茶中有多種元素，為人類生理上所需要，謹綜合介紹如下：〔註104〕

（一）茶素（即咖啡因）

是人類神經中樞的興奮劑，用之能起興奮作用，使人的精神振奮，並能提神醒腦，促進血液循環和利尿、消除疲勞、袪除睡意等功用，故唐代佛教徒在坐禪時，也多允許飲茶，以保持頭腦清新，令人少睡，有助於坐禪入定。惟茶素有增強胃分泌之作用，故有胃疾者不宜多飲。

（二）鞣酸（即單寧酸）

能溶解於水，具有收斂和殺菌等作用，並有去脂肪、助消化及解酒等功能。

（三）維生素

茶中含有維生素 A、B2、C、D……等等，對於人體的健康頗多助益。維生素 C 可防止壞血病，降低膽固醇；維生素 D 可健全骨骼的發育；其餘維生素 A、B2 等，則可維持血液正常的養分。上述維生素，僅能於未發酵（或半發酵）之綠茶中攝取，全發酵之紅茶，其維生素已遭破壞，所剩無幾。

（四）芳香油

茶葉中含有一種芳香的油質，它具有揮發性，使人感受其香味。如唐·劉禹錫〈西山蘭若試茶歌〉云：「自傍芳叢摘鷹觜，斯須炒成滿室香。」〔註105〕的詩句，即其明證。它能刺激腦、心臟等血管之循環作用，促進人體的新陳代謝。

（五）茶色素（即葉綠素）

茶葉中含有多量的茶色素，它能淨化人體的血液，防止皮膚老化，對患有貧血症及肺結核的人，均有助益。

（六）錳和氟

茶葉中含有少量的錳和氟，錳能促進發育及促進性荷爾蒙的分泌；氟有

〔註104〕郁愚，《茶事茶話》（台北，世界文物出版社，民國71年6月出版）頁125～128。
〔註105〕劉禹錫，《西山蘭若試茶飲》（台北，明倫出版社，民國60年10月出版）收入《全唐詩》卷三五六，頁4000。

保護牙齒，減少蛀牙的作用。

（七）無機鹽類

茶葉中含有微量的鉀、鎂、鈉、碘、矽酸、磷酸、氧化鐵等無機鹽類元素，這些元素可增強人體的新陳代謝，又有治療甲狀腺疾病的效果。

（八）炭水化合物

茶葉中含有少量的醣分、澱粉及纖維質，對於人體的保健都有助益。

由上述茶葉中所含多種元素，確實有促進血液循環、解熱、止渴、利尿、消除疲勞、提神、醒腦、少眠、增強視力、解酒、去毒、殺菌、強心、治頭痛、腹痛、助消化、防治壞血病等功能，〔註106〕其利多於弊，自屬可信。

三、副作用

飲茶之利弊得失，自來亦有爭論，斐汶是力主茶益絕對論者，他在其所著〈茶述〉遺文中云：

> 或曰：多飲令人體虛、病風。余曰：不然。夫物能袪邪必能輔正，
> 安有躅逐聚病而靡裨太和哉？〔註107〕

斐汶是位提倡茶益絕對論者，他力主茶效百益而無一害，盛讚茶為「至精之味」，有「滌煩、致和」之效，勸人多飲茶，謂「得之則安，不得則病」。〔註108〕

然凡事有如一體之兩面，有其利亦有其弊，茶自當不例外，亦有其害的一面。近人以科學方法分析，其害處約有如下數點：〔註109〕

（一）若茶中鞣酸（即單寧酸）大量增加，而與蛋白質結合沈澱，凝固為不溶解的鹽，它具有強烈收歛的作用，反而有礙消化，並會刺激胃壁。鞣酸還會妨礙溶化食物中所含的鐵質，使其無法為身體所吸收，導致體內缺乏血紅蛋白等現象。

（二）喝茶過量，或多喝濃茶，因茶中之茶素（即咖啡因）具有興奮和刺激等作用，故易導致失眠、心悸、耳鳴、頭痛、昏眩等副作用。

（三）飲茶有促進血液循環加速、及排尿增加，許多血液所需要的物質，

〔註106〕日・佐伯當，《茶と歷史》（台北，台大歷史學研究所，民國64年10月發行）收入《史原》第六期，頁9～10。

〔註107〕同註101。

〔註108〕同上。

〔註109〕參見張鐵君，《茶學漫話》（台北，阿爾泰出版社，民國71年5月出版）頁130～132。

便易隨之排去，是其害處之。

綜上所言，飲茶亦有其弊，尤其體弱多病者，不宜多飲，故在唐代反對飲茶者亦多。唐‧毋煚〈代茶餘序〉即云：

> 釋滯銷壅，一日之利暫佳，瘠氣侵精，終身之累斯大。獲益則歸功茶力，貽患則不爲茶災，豈非福近易知，禍遠難見。〔註110〕

毋煚「性不飲茶」，故有是論。茶有去熱止渴、除瘴氣之效，毋煚「無何以熱疾暴終」，〔註111〕應是對其最大的諷刺。

中唐以後，由於飲茶風氣盛行，某些疾病往往歸咎於飲茶過度，常伯熊（與陸羽同時人）即是其一。封演《封氏聞見記》卷六〈飲茶〉載：「伯熊飲茶過度遂患風氣，晚節亦不勸人多飲也。」〔註112〕李肇《唐國史補》卷中亦云：「近代……患腰腳者眾耳，疑其茶爲之也。」〔註113〕以上即是代表反對者之意見。然將當時人所患的疾病，完全歸咎於飲茶，恐非持平之論，飲茶雖有其弊，然總是利多弊。

〔註110〕毋煚，〈代茶餘序〉（台北，新文豐出版公司，民國74年1月發行）唐，劉肅《大唐新語》卷之十一引，收入叢書集成新編第八三冊，頁366。
〔註111〕同上。
〔註112〕同註103。
〔註113〕李肇，《唐國史補》（台北，世界書局，民國67年10月出版）卷中，頁47。

第三章　飲茶風氣盛行原因及製茶、飲茶方法

第一節　飲茶風氣盛行原因

一、飲茶緣起

　　中國飲茶源於何時？自來眾說紛紜，迄無定論。說法不一的主因為古籍中並無「茶」字，而至中唐時始出現，「自陸羽茶經、盧仝茶歌、趙贊茶禁以後，則遂易荼為茶。」〔註1〕唐以前，荼一字多義，因對荼字解釋之不同，而產生了對飲茶起源有不同的看法。

　　有關中國飲茶的起源，陸羽認為起於上古時代，在其所著《茶經》卷下〈六之飲〉中云：

> 茶之為飲，發乎神農氏，聞（聞）於魯周公，齊有晏嬰，漢有揚雄、
> 司馬相如，吳有韋曜，晉有劉琨、張載、遠祖（陸）納、謝安、左
> 思之徒，皆飲焉。〔註2〕

陸羽所言中國飲茶「發乎神農氏」固屬可疑，然以神農氏代表中國飲茶起源於上古時代，乃有其積極的歷史意義，即他肯定中國飲茶的歷史極其悠遠。

〔註1〕魏了翁，《邛州先茶記》（台灣商務印書館，民國68年11月發行）收入四部
　　　　叢刊正篇第六〇冊《鶴山先生大全文集》卷四十八，頁413。
〔註2〕陸羽，《茶經》（台北，新興書局，民國58年7月發行）卷下〈六之飲〉，收
　　　　入宋刻本左圭《百川學海》，頁760～761。

他這種肯定是有其根據與價值的，而不能予以抹殺。其餘諸人的事蹟，皆可從史籍中探尋出與茶事有關之蛛絲馬跡來，其人或親炙茶事，或著有與茶有關的著作。陸羽在《茶經》中引用詳矣！〔註3〕神農氏與茶之關係固可不論，周公亦可存疑，其餘晏嬰、揚雄、司馬相如、張載、左思等皆有與茶有關的詩文；韋曜、劉琨、陸納、謝安等皆親歷茶事，史籍言之鑿鑿：

（一）韋　曜

三國時代，已有以茶代酒者。《三國志》〈吳書〉卷六十五〈韋曜傳〉云：

（三國吳末帝孫）皓每饗宴，無不竟日，坐席無能否率以七升爲限，雖不悉入口，皆澆灌取盡。（韋）曜素飲酒不過二升，初見禮異時，常爲裁減，或密賜茶荈以當酒。〔註4〕

（二）劉　琨

茶有「調神、和內、倦解、慵除」〔註5〕等功用，故晉，劉琨遺書予兄子兗州刺史劉演云：

前得安州乾薑一斤、桂一斤、黃芩一斤，皆所須也。吾體中潰悶，常仰眞茶，汝可置之。〔註6〕

茶可爲藥用，劉琨體中潰悶，常賴茶效，以解胸中鬱悶，由此亦可見晉時安州（今四川縣陽東北）產茶。

（三）陸納、謝安

古人常以茶果待客，用示儉樸。《晉書》卷七十七〈陸納傳〉云：

謝安嘗欲詣（陸）納，而納殊無供辦。其兄子（陸）俶不敢問之，乃密爲之具。安既至，納所設唯茶果而已。〔註7〕

同書卷九十八〈桓溫傳〉亦云：「（桓）溫性儉，每讌惟下七奠柈茶果而已」。〔註8〕上述所舉皆係親歷茶事的人物，亦可反映中國飲茶歷史之悠久。

〔註3〕同上。

〔註4〕陳壽，《三國志》（台北，鼎文書局，民國75年6月發行），卷六十五〈韋曜傳〉，頁1462。

〔註5〕虞世南，《北堂書鈔》（台灣商務印書館，民國75年3月出版）景印清《文淵閣四庫全書》第八八九冊，卷一四四，頁738。

〔註6〕劉琨，《與兄子南兗州刺史演書》（陸羽・前引書，卷下〈七之事〉引）頁765。

〔註7〕房玄齡等，《晉書》（台北，鼎文書局，民國76年5月出版）卷七十七〈陸納傳〉，頁2027。

〔註8〕房玄齡等，前引書，卷九十八，頁2576。

中國最早且可靠的飲茶史料，當推西漢・王褒〈僮約〉中云：

> 蜀郡王子淵……（約）奴從百役使，不得有二言。晨起洒掃，食了
> 洗滌……烹茶盡具，鋪巳蓋藏……武陽買茶（茶之誤）。〔註9〕

意即漢蜀郡王子淵與家僮約法三章，約定家奴日常生活須做烹茶、買茶等事。漢時，四川武陽一帶產茶，而又是茶的集散中心，故蜀郡王家之奴須至「武陽買茶」，然茶葉置久必壞，故當時之茶必定是已加工爲成品之茶。至其製茶，或爲曬乾，或如三國魏・張揖〈廣雅〉所言之製成餅茶法。〔註10〕製成餅茶或曬乾，始能久置不壞，且運輸方便。可見西漢時已有人飲茶，惟尚未普及，僅流行於上層社會中，一般平民階級尚無法飲茶。

南北朝時，南人尚茗飲，上自貴族朝士，下至平民百姓，均尚好飲茶。北人則歧視茗飲，嘲弄茗飲爲漏卮、酪奴、水厄等語，當時（北魏）給事中劉縞慕王肅之風，竟遭彭城王（元勰）之羞辱。然當時茗飲已爲朝貴讌會必備之物，北人雖恥茗飲，但仍不得不設，「唯江表殘民遠來降者好之」，〔註11〕足見北方茶風尚未盛行，而南方「江表殘民」普遍有嗜茶的習慣。

自中唐以後，由於禪宗盛行及陸羽等人之提倡、鼓吹，飲茶已普及全國，城市多開店舖賣茶，並已形成「比屋之飲」。封演《封氏聞見記》卷六〈飲茶〉云：

> 茶，開元中……人自懷挾，到處煮飲，從此轉相倣效，遂成風俗。
> 自鄒、齊、滄、棣，漸至京邑，城市多開店舖煎茶賣之，不問道俗，
> 投錢取飲。〔註12〕

封演記載當時各地流行飲茶的情形，從今山東、河北、陝西一帶之城市，多開店舖賣茶，可見當時茶已傳至北方，並流行於北方各地，其生意亦極興盛。陸羽《茶經》卷下〈六之飲〉中亦載：

> 茶之爲飲……滂時浸俗，盛於國朝，兩都幷荊、渝間，以爲比屋之
> 飲。〔註13〕

〔註9〕 王褒，《僮約》（台灣商務印書館，民國68年11月發行）收入四部叢刊集部《古文苑》第十七卷，頁120～121。

〔註10〕 張揖，《廣雅》（陸羽，前引書，卷下〈七之事〉引）頁763。

〔註11〕 楊衒之，《洛陽伽藍記》（台北，正文書局，民國71年9月發行）卷三〈報德寺〉，頁136。

〔註12〕 封演，《封氏聞見記》（台北，世界書局，民國52年4月出版）收入《晉唐劄記》六種，卷六〈飲茶〉，頁46。

〔註13〕 同註2。

陸羽言飲茶盛行於唐朝，而尤以洛陽、長安及今湖北、四川一帶更盛，甚至形成「比屋之飲」。至此，飲茶眞正達到地不分南北，人不分貴賤，「於人所資，遠近同俗」，〔註14〕不僅成爲人民日常生活上的必需品，而且成爲政府重要的稅收來源。

二、盛行原因

中唐以後，飲茶風氣盛行，全國皆然，且影響及於域外。其盛行原因，今人研究者多矣，〔註15〕睽其原因，約有以下數點：

（一）交通發達，運銷便捷

中國境內高山林立，河川阻隔，以致國內交通不發達，在政治、經濟……等方面，形成獨具區域性之局面；政治上常形割據，經濟上無法互通有無。然自隋代開鑿運河以後，南北交通較前發達，物產運銷更形便捷。總計有隋一代開鑿了廣通渠、通濟渠、永濟渠、邗溝及江南河等五條運河，使得南北交通聯成一氣，這些運河的開鑿，成爲我國溝通南北交通上的大動脈，以致運河中「商旅往還，船乘不絕」。〔註16〕

隋代開鑿運河，對於加強南北經濟的交流及促進國家統一各方面，皆發揮了積極的作用，沿至唐代仍受隋開運河之惠，繼續使用運河；加以唐朝爲了漕運江淮的糧食和物資到關中一帶，以供大唐文武百官之用，爲使不虞匱乏，乃極重視運河之漕運及整治工作，如裴耀卿及劉晏等財相均曾建議整頓漕運的具體措施，〔註17〕致江、淮一帶所產的糧食及物資藉著運河源源北運，並有爲數極夥之大型船艦航行其中，「弘舸巨艦，千軸萬艘，交貿往還，昧旦永日。」〔註18〕船艦暢行無阻，而茶貨亦藉水運源源不斷地輸往北方各地。封演《封氏聞見記》卷六〈飲茶〉云：

〔註14〕劉昫等，《舊唐書》（台北，鼎文書局，民國 74 年 3 月發行），卷一七三〈李珏傳〉，頁 4504。

〔註15〕程光裕，《茶與唐宋思想界及政治社會關係》（台北，大立出版社。民國 74 年 5 月出版）收入《中國茶藝論叢》第一輯，頁 6～20。
朱重聖，北宋茶之生產與經營（台灣學生書局，民國 74 年 12 月出版）第一章，頁 13～23。

〔註16〕劉昫等，前引書，卷六七〈李勣傳〉，頁 2483。

〔註17〕劉昫等，前引書，卷九八〈裴耀卿傳〉，頁 3801、卷一二三〈劉晏傳〉，頁 3512。

〔註18〕劉昫等，前引書，卷九四〈崔融傳〉，頁 2998。

自鄆、齊、滄、棣至京邑，城市多開店舖煎茶賣之……。其茶自江、

淮而來，舟車相繼，所在山積，色額甚多。〔註19〕

京師長安爲政治、經濟、文化等中心，人口眾多，故茶之消費量亦大。鄆（今山東鄆縣）、齊（今山東歷城）、滄（今河北滄縣）、棣（今山東惠民南）等地距運河較近，位居水陸衝要，來往旅客麕集，遂有專營賣茶之店舖。茶由江、淮一帶源源不斷北運而來，其數量龐大，種類繁多，由於運河輸運極爲便利，始有可能運輸大量的茶。

　　再以陸運而言，唐代驛道設施完善，驛制健全，每三十里設一驛，天下水馬驛共計一六三九所，其中陸驛即佔一二九七所。各驛有驛長一人，驛夫數人至數十人，諸道且於節度使下置館驛巡官四人，判官一人治理。唐驛並設有驛舍，所以供驛吏、驛夫及來往驛使食宿、休止。〔註20〕在如此完善的驛制下，遞送物質更形迅捷。此外，唐代在一些地勢險峻不利交通而又爲交通必經之地，也努力改善道路，使有利於交通，最有名的就是玄宗開元四年（716），張九齡廣鑿廣州北上之要道大庾嶺，〔註21〕大大的改善了內陸的交通，茶貨運銷至國內各地因而更形便捷。

　　總之，由於唐朝政府的整治漕運，廣設驛站，盡闢險阻，而使國內的交通大爲便利，江、淮一帶的茶貨因而銷至國內各地，直接地亦促進了唐代飲茶風氣的盛行。

（二）受陸羽及其他飲茶集團之鼓吹

　　陸羽傳世鉅著《茶經》，是中國也是世界上第一部茶書，中唐以後之茶風，受陸羽《茶經》之鼓吹，影響甚鉅。北宋歐陽修、宋祁《新唐書》卷一九六〈陸羽傳〉云：

羽嗜茶，著經三篇，言茶之原、之法、之具尤備，天下益知飲茶

矣……。其後尚茶成風，時回紇入朝，始驅馬市茶。〔註22〕

北宋・陳師道《茶經序》一文亦云：

茶之著書，自羽始，其用於世亦自羽起。羽誠有功於茶者也，上自

〔註19〕同註12。

〔註20〕陳沅遠，《唐代驛制考》（北平，景山書社，民22年8月出版）收入燕京大學《史學年報》第一卷第五期，頁67。

〔註21〕張九齡，《曲江集》（台灣中華書局，民國55年3月發行）卷十一，頁4。

〔註22〕歐陽修、宋祁，《新唐書》（台北，鼎文書局，民國74年2月發行），卷一九六〈陸羽傳〉，頁5612。

宮省，下迄邑里，外及戎夷蠻狄，賓祀燕享，預陳於前。山澤以城
市，商賈以起家，又有功於人者也，可謂智矣！〔註23〕

序中之讚譽，不違事實。依據宋・李昉等奉勅編之《文苑英華》卷七九三〈陸
文學自傳〉云：「上元年辛丑歲，子陽秋二十有九」。〔註24〕由此可知，自傳
作於肅宗上元二年（761，歲次辛丑），時年二十九歲，上推陸羽應生於玄宗
開元二十一年（733）。陸羽身世如謎，不知所生，世傳陸羽爲一棄嬰，自幼
爲竟陵龍蓋寺僧智積禪師所收養。李肇《唐國史補》卷中云：

竟陵僧有于水濱得嬰兒者，育爲弟子，稍長，自筮得寒之漸繇曰：「鴻
漸于陸，其羽可用爲儀。」乃令姓陸名羽，字鴻漸……羽少事竟陵
禪師智積……。〔註25〕

唐・趙璘《因話錄》卷三商部（下）亦云：

太子陸文學鴻漸，名羽，其先不知何許人。竟陵龍蓋寺僧姓陸，於
堤上得一初生兒，收育之，遂以陸爲氏。〔註26〕

上述二書皆言陸羽係一棄嬰，身世不明，惟所言姓名之來由則各異，是非莫
辨。陸羽「及長，聰俊多能，學贍辭逸，詼諧縱辯。」〔註27〕肅宗上元初，
更隱居於苕溪（今浙江天目山附近），自稱桑苧翁，闔門著書，與顏眞卿、張
志和、釋皎然等過從甚密，時相酬唱宴聚，以茗飲爲樂。「久之，詔拜羽太子
文學，徙太常寺太祝，不就職。貞元末卒。」〔註28〕

　　唐代文士交往頻繁，而茶宴輒成爲他們交往聚會最常採用的一種方式，
並逐漸形成一飲茶集團，而這個飲茶集團主要係以陸羽與釋皎然爲主，由全
唐詩中所載，可見他們交往之密切。釋皎然有「尋陸鴻漸不遇」詩、「訪陸處
士羽」詩、「春夜集陸處士居玩月」詩、「九日與陸處士飲茶」詩、「往丹陽尋
陸處士不遇」詩及「賦得夜雨滴空階送陸羽歸龍山」詩〔註29〕等；此外，從

〔註23〕陳師道，《茶經序》（台灣商務印書館，民國 75 年 3 月發行）收入景印清《文
　　　　淵閣四庫全書》第一一一四冊，卷十一，頁 615。
〔註24〕李昉等，《文苑英華》（台北，大化書局，民國 74 年 5 月印行）卷七九三〈陸
　　　　文學自傳〉，頁 1909。
〔註25〕李肇，《唐國史補》（台北，世界書局，民國 67 年 10 月出版）卷中，頁 34。
〔註26〕趙璘，因話錄（台北，世界書局，民國 67 年 10 月出版）收入《唐國史補》
　　　　等八種，卷三商部（下），頁 20。
〔註27〕同上。
〔註28〕歐陽修、宋祁等，前引書，卷一九六〈陸羽傳〉，頁 5611。
〔註29〕清聖祖御定，《全唐詩》（台北，明倫出版社，民國 60 年 10 月出版）卷八一

全唐詩中所載的賦詩聯句，可見另有其他的飲茶集團存在，例如：由顏真卿、陸士修、張薦、李崿、崔萬、釋皎然等所賦的「五言月夜啜茶聯句」詩〔註30〕中，可見他們另形成一飲茶集團。他們藉飲茶怡情遣興，並互換茶藝心得，對推廣中國茶藝文化，貢獻卓著。文士之間亦時以自採新茶見贈，並酬之以詩，其影響層面甚廣，無形中亦助長了唐代的飲茶風氣。

（三）僧道生活之影響

　　唐代茶風之推展，與僧道生活有密切的關係，因茶有提神、醒腦、消除疲勞、令人少眠等功用，因而飲茶有助於禪僧之坐禪論道。封演《封氏聞見記》卷六飲茶即載：

> 開元中，泰山靈巖寺有降魔師大興禪教，學禪務于不寐，又不夕食，皆許其飲茶。人自懷挾，到處煮飲，從此轉相倣效，遂成風俗。〔註31〕

唐代佛、道二教始終盛行不衰，武宗時，佛教雖遭「關佛衛道」之打擊，然未見稍衰。泰山靈巖寺建於北魏孝明帝正光初年（520），距離登封（今河南偃師縣東南）之地九十里，〔註32〕李邕曾於玄宗天寶元年（742）撰〈靈巖寺頌〉，〔註33〕知其為佛門勝地。降魔禪即降魔藏禪師的簡稱，他是北宗神秀的弟子。宋·釋道原《景德傳燈錄》卷四記其事蹟云：

> 兗州降魔藏禪師，趙郡人也……師七歲出家。時屬野多妖鬼，魅惑於人，師孤形制伏，曾無少畏，故得「降魔」名焉……後遇北宗盛化，便誓摳衣……秀懸記之曰：「汝與少皞之墟有緣」。師尋入泰山，數稔，學者雲集……壽九十一。〔註34〕

禪宗神秀一派盛行於武后之時，神秀於中宗神龍二年（706）入滅，降魔師於武后時曾謁見神秀，隨即入泰山傳教。〔註35〕開元時，降魔師仍健在。禪僧

〔註35〕　五～八二○，頁9178～9243。

〔註30〕　清聖祖御定，前引書，卷七八八，頁8882。

〔註31〕　同註12。

〔註32〕　金榮，《泰山志》，卷十，光緒二十四年補刊本，中研院史語所藏，第五冊，頁37。

〔註33〕　李邕，《靈巖寺頌》（台灣商務印書館，民國70年2月發行）收入四部叢刊廣編《金石錄》卷七，頁40。

〔註34〕　釋道原，《景德傳燈錄》（台灣商務印書館，民國65年6月發行）收入四部叢刊續編卷四，頁13749。

〔註35〕　林正三，《唐代飲茶風氣探討》（台北，國立編譯館館刊，民國73年12月發

們認識了茶之功用，認爲恃飲茶可以不寐，又可不夕食，降魔師乃允許他們飲茶。他的生徒眾多，人人飲茶，日久自可形成風氣。唐・李沖昭《南嶽小錄》亦云：

> 唐開元年中，有王天師仙喬。初，天師爲行者道性……因將嶽中茶二百餘串直入京國，每携茶器，於城門內施茶……曰：「……今爲本住九眞觀，殿宇破落，特將茶來募施主耳。」〔註36〕

王天師以嶽中茶募施主，可見茶與道士有密切之關係，並足見當時飲茶風氣之盛行。

禪僧們爲修鍊參悟，多結廬於離塵拔俗、了無人跡之山林處，而高山、爛石適茶之生長，「乳泉、石池、慢流」〔註37〕之山水正適煎茶，茶又與僧道生活息息相關，他們乃於此林壑勝地栽種茶，這是一件很自然的事情，例如唐・劉禹錫〈西山蘭若試茶歌〉即云：「山僧後檐茶數叢，春來映竹抽新茸」，〔註38〕山僧往往於寺院種茶，並自採自製新茶分贈親友。又如唐・柳宗元有〈巽上人以竹間自採新茶見贈酬之以詩〉〔註39〕之詩句，僧齊己有〈謝中上人寄茶〉〔註40〕詩句等等，不勝枚舉。僧道們又常設茗以待客，如陸羽〈顧渚山記〉云：

> 豫章王子尚訪曇濟道人于八公山，道人設茗，子尚味之云：此甘露也，何言茶名（茗）也。〔註41〕

前述僧道與士大夫間，或互餽新茶，或設茗喫茶論道，談玄說理，則又有助於茶風之推展。

（四）製茶方法，日漸改良

唐以前的製茶法爲採摘茶葉曬乾或製成餅狀，「葉老者餅成，以米膏出之。欲煮茗飲，先炙令赤色，搗末置瓷器中……。」〔註42〕這種製成之茶，

行）第十三卷第二期，頁 208。

〔註36〕李沖昭，《南嶽小錄》（台北，藝文印書館，民國 54 年至 59 年印行）收入百部叢書集成之三五《藝海珠塵本》〈九眞觀〉條，頁 5。

〔註37〕陸羽，前引書，卷下〈五之煮〉，頁 758。

〔註38〕劉禹錫，〈西山蘭若試茶歌〉（清聖祖御定，前引書）卷三五六，頁 4000。

〔註39〕柳宗元，〈巽上人以竹間自採新茶見贈酬之以詩〉（清聖祖御定，前引書）卷三五一，頁 3929。

〔註40〕僧齊己，〈謝中上人寄茶〉（清聖祖御定，前引書）卷八四〇，頁 9487。

〔註41〕陸羽，《顧渚山記》（台北，文海出版社，民國 68 年 9 月出版）收入陸心源《唐文拾遺》卷二十三，頁 35。

〔註42〕同註 10。

陸羽謂之「餅茶」。唐承襲前代，除有餅茶外，尚有「粗（粗）茶」、「散茶」、「末茶」〔註43〕等三種。餅茶及末茶均係採用蒸青茶法，其製作方法如陸羽《茶經》卷上〈三之造〉所云：

> 晴採之、蒸之、擣之、拍之、焙之、穿之、封之，茶之乾矣。〔註44〕

這是即餅茶的製作方法，餅茶製成後，再將餅茶碾（或磨）成粉末，即是陸羽所謂的「末茶」。其製作程序皆嫌繁複，不利於飲茶之推展，經改良為炒青茶法，其製成之茶，即陸羽所謂之「粗茶」或「散茶」，亦即將茶青炒成條狀之葉茶，與今泡茶用之茶葉相似。如劉禹錫〈西山蘭若試茶歌〉即云：「自傍芳叢摘鷹觜，斯須炒成滿室香」，〔註45〕此即採用炒青製茶法的明證。由「蒸青茶法」改良為「炒青茶法」，其間手續簡便許多，人民取用方便，因此更加速了飲茶風氣的普及。

　　綜觀上述四個主要原因，因而促成了唐代飲茶風氣的盛行，上自天子、王公、大臣、下至僧道、詩人、百姓，無不飲茶，飲茶已融入他們的日常生活中，成為人們日常生活的必備品，茶風於焉臻於極盛

第二節　製茶法及其使用之茶具

一、製茶方法

　　上古時代最原始的製茶法，據說係以曬乾方式處理、貯存，以保持鮮葉不致腐爛，如西漢‧王褒〈僮約〉即載：「武陽買茶」。此時之茶必經人工處理過，否則不易久存，更遑論久置當做商品交易。

　　三國時，則採「餅茶」的製法，三國魏，張揖〈廣雅〉云：

> 荊巴間採葉作餅，葉老者餅成，以米膏出之，欲煮茗飲，先炙令赤色，搗末置瓷器中……。〔註46〕

張揖所言即指三國時今湖北、四川一帶，已流行「餅茶」的製法。這種方法至唐仍相沿不替，惟唐時製茶手續更為講究。陸羽《茶經》卷上〈三之

〔註43〕陸羽，《茶經》（台北，新興書局，民國58年7月發行）卷下六之飲，收入宋刻本左圭《百川學海》，頁761。

〔註44〕陸羽，前引書，卷上〈三之造〉，頁741～742。

〔註45〕同註38。

〔註46〕同註10。

造〉中云：

> 晴採之、蒸之、擣之、拍之、焙之、穿之、封之，茶之乾矣。〔註47〕

陸羽性嗜茶，對製茶法有深切的認識，他詳述唐時製餅茶有採、蒸、擣、拍、焙、穿、封等七道手續。換言之，即茶葉採回後，放入釜中蒸熟，然後將蒸過的茶葉擣碎，再將茶末拍製成餅茶，最後用火焙乾，再將其貫穿起來封存，茶葉經過這些手續已經乾燥成為餅茶了。

其次，唐時尚有不須經蒸、擣等手續的炒青粗茶、散茶，與今泡茶用之條形茶葉相似。如劉禹錫有「斯須炒成滿室香」〔註48〕之語，即指炒青之散茶而言。這種炒青製茶法，在中國製茶史上佔極重要的地位，其製茶手續簡便，影響至今仍採此法，間接地助長了唐代的飲茶風氣。

二、茶　具

指採茶、製茶及貯藏餅茶所使用的器具而言。中唐以後，由於飲茶風氣盛行，因此，對於茶的採、製及貯藏所使用的器具，極為講究。陸羽在其《茶經》卷上〈二之具〉中記載，唐代所常使用有關採、製及貯藏餅茶的十五種器具〔註49〕如下：

（一）籯

指茶人揹著用以採茶的竹籮筐，可盛五升或三斗。一名籃、籠或筥，皮日休及陸龜蒙均有有關「茶籯」的詩。〔註50〕

（二）竈

烹茶用的灶，無烟囪。陸龜蒙「茶竈」詩云：「無突抱輕嵐，有烟映初旭」。〔註51〕突，即烟囪。無突，即說明當時茶灶無烟囪。

（三）甑

以木或瓦製，薄底有洞，是固定在釜上以蒸茶用。陸龜蒙「茶竈」詩云：「盈鍋玉泉沸，滿甑雲芽熟」〔註52〕

〔註47〕同註44。
〔註48〕同註38。
〔註49〕陸羽，前引書，卷上〈二之具〉，頁738～741。
〔註50〕皮日休，《茶中雜詠并序》（清聖祖御定，前引書）卷六一一，頁7054。
　　　　陸龜蒙，〈奉和襲美茶具十詠〉（清聖祖御定，前引書）卷六二〇，頁7144。
〔註51〕陸龜蒙，前引詩，卷六二〇，頁7145。
〔註52〕同上。

（四）杵 臼

　　擣碎已蒸過的茶葉的舂具。

（五）規

　　又名模（子）或棬。鐵製，有圓形、方形或花形，用以印製餅茶用。

（六）承

　　又名臺或砧。可以承受壓力的臺，以石或槐、桑木製成，一半埋入土中，使其不易搖動。

（七）檐

　　又名衣。以絹布或衫服製成，置於承上，檐上再置規，用以造茶，造好後容易拿起。

（八）芘 莉

　　又名籯子，或篣筤，即籠子，以竹皮編成，茶就放於其上晾乾。皮日休「茶籯」詩有「筤篣曉携去」之語。〔註53〕

（九）棨

　　又名錐刀。柄以堅木製成，用來鑿穿餅茶。

（十）撲

　　又名鞭。竹製，將已乾的餅茶穿起，使其不致重疊。

（十一）焙

　　即焙爐，用以烘乾餅茶。

（十二）貫

　　用以貫穿餅茶的竹子，以便於烘焙。

（十三）棚

　　又名棧。即木棚子，編木兩層架於焙爐上，用以焙乾餅茶。半乾的茶置於下棚，全乾的再移至上棚。

（十四）穿

　　指餅茶製好後，用以貫穿餅茶的貫串，以竹或穀皮做成。

（十五）育

　　用以貯藏餅茶的器具。以木為框，以竹子編成，四週再糊紙，中間隔層，上有蓋，下有床，旁有門，其中一扇設有埋藏熱灰的裝置，可使育中保持溫熱，防患江南多濕氣。

〔註53〕皮日休，《茶中雜詠并序》（清聖祖御定，前引書）卷六一一，頁7054。

第三節　飲茶法及其使用之茶器

一、飲茶方法

　　茶葉烹飲方法，隨著茶葉製造技術的改進和茶之種類而有不同的烹飲方法。上古時代，人民最初發現茶時，當係採其鮮葉，直接烹煮成羹湯飲用，至晉乃採用此法，如郭璞《爾雅注》卷八〈釋草〉曰：「……茗生葉，可煮作羹飲。」〔註54〕其後又發明以茶汁煮粥食用，如陸羽《茶經》卷下〈七之事〉引傅咸「司隸教」曰：「聞南方有以困蜀嫗作茶粥賣……。」〔註55〕即是明證。惟鮮茶葉不易久存，漢時人民仍以曬乾方式貯存，當亦有純以散茶烹煮飲用的。

　　三國時，改變以往的烹飲法，採用餅茶搗末沖庵法。魏·張揖〈廣雅〉云：

　　　　（餅茶成）欲煮茗飲，先炙令赤色，搗末置瓷器中，以湯澆覆之，用
　　　　蔥、薑、橘子（子當係皮之誤）芼之，其飲醒酒，令人不眠。〔註56〕
此即表示三國時已有「餅茶」的製法，然置久必潮，故於飲用前先以火烘炙成赤色，以去霉味，增香氣，而後搗碎成茶末，置於瓷器中，再注入沸水，加上蔥、薑、橘皮等調味品飲用之。

　　晉時，仍相沿飲用末茶法，由杜育〈荈賦〉即可見一斑：「惟茲初成，沫沈華浮。煥如積雪，曄若春敷。」〔註57〕此即明顯表示採用末茶煮飲法，惟是否羼入添加物，則不得而知。三國時，這種羼入添加物的烹煮方式，至中唐以前，仍沿襲不變，故皮日休〈茶中雜詠并序〉云：

　　　　然季疵（指陸羽）以前，稱茗飲者必渾以烹之，與夫瀹蔬而啜者無
　　　　異也。〔註58〕
至唐代，一般人仍沿用此法，他們除添加蔥、薑、橘皮等外，更變本加厲地多加棗、茱萸、薄荷等佐料，這種烹飲法破壞了茶原有的香味，故陸羽極表反對，稱猶如溝渠間之棄水。陸羽《茶經》卷下〈六之飲〉云：

〔註54〕郭璞，《爾雅注》（台灣中華書局，民國55年3月發行）卷八〈釋草〉，頁10。
〔註55〕陸羽，前引書，卷下〈七之事〉引，頁765。
〔註56〕同註10。
〔註57〕杜育，《荈賦》（台北，文光出版社，民國63年8月出版）收入《藝文類聚》
　　　　卷八十二〈草部〉茗引，頁1411。
〔註58〕皮日休，《茶中雜詠并序》（清聖祖御定，前引書）收入《全唐詩》卷六一一，
　　　　頁7053。

（飲茶）……或用蔥、薑、棗、橘皮、茱萸、薄荷之等，煮之百沸，或揚令滑，或煮出沫，斯溝渠間棄水耳，而習俗不已。〔註59〕

陸羽又言，唐代有各種不同的飲茶方式，在其《茶經》卷下〈六之飲〉中云：

飲有觕（同粗）茶、散茶、末茶、餅茶者。乃斫、乃熬、乃煬、乃舂，貯於瓶罐之中，以湯沃焉，謂之痷茶。〔註60〕

由以上陸羽所述，可見唐代所飲之茶，除了末茶、餅茶外，尚有粗茶、散茶。粗茶、散茶即是純以炒青而不經蒸、擣等手續所製成之條狀茶。「乃斫、乃舂」乃飲用「末茶、餅茶」所必採用之手續，而「乃熬」則「觕茶、散茶、末茶、餅茶」四種皆可行之，這種泡茶法，當時稱為「痷茶」。唐・張萱所繪〈明皇和樂圖〉（如附圖一五）中侍女端出泡好之茶，即是唐代「痷茶」法的代表作。另外，由陸羽所言之「觕茶」（即粗茶）、「散茶」，吾人可確認唐代已有如今的泡茶法出現，其不同處在於唐代尚未出現如今所使用的茶壺。另外，美・威廉烏克斯（William H・Ukers）亦同意唐代已使用泡茶法，在其所著《茶葉全書》（All About Tea）中云：

（唐）泡茶之方法，見於紀元八五〇年左右，二阿剌伯人旅行中國之遊記。彼等曾見茶葉為中國普遍之飲料，並言中國人如何以沸水沖茶，飲其液汁……足見華人在第九世紀時之泡茶方法，已與今日相同。〔註61〕

至於為保持茶葉的新鮮度及其濃郁香味，則以旋摘旋製旋飲為佳。《全唐詩》卷356載劉禹錫〈西山蘭若試茶歌〉即云：

自傍芳叢摘鷹觜，斯須炒成滿室香。使酌砌下金沙水，驟雨松聲入鼎來……自摘至煎俄頃餘。〔註62〕

又如盧仝〈走筆謝孟諫議寄新茶〉詩亦云：「先春抽出黃金芽，摘鮮焙芳旋封裏」。〔註63〕由此可知，茶自採摘煎、製至包裹封存其間隔時間愈短愈好，愈能保持茶之新鮮度及其香氣。

〔註59〕同註43。

〔註60〕同上。

〔註61〕威廉烏克斯（William H・Ukers），《茶葉全書》（桃園，茶學文學出版社，民國77年5月發行）第一章，頁3。

〔註62〕同註38。

〔註63〕盧仝，〈走筆謝孟諫議寄新茶〉（台灣商務印書館，民國55年3月發行）收入《盧仝集》卷二，頁17。

二、茶 器

指烹茶及飲茶用的器皿而言，其器皿於陸羽《茶經》卷中〈四之器〉中有詳盡的描述，〔註64〕日人春田永年特將陸羽所述茶器之造形，作一詳盡之註釋與圖解，書名《茶經中卷茶具圖解》，〔註65〕分上、下二卷，雖其書名曰「茶具」及有少數圖解，如筥、鎚等，不無有待商榷之處，惟仍不失其具有參考價值之作。茲將陸羽所言之「茶器」與春田氏所繪之圖解（如附圖一六），相互對照，俾便更明瞭茶器的造形。

（一）風 爐

以銅、鐵或凝固之泥土鑄成，用以生火煮水。有三足，如古代的鼎，三足皆鑄有古文字：

1. 「坎上巽下离於中」：坎主水，巽主風，离主火，意即風能興火，火能熟水。
2. 「體均五行去百疾」：指風爐之內，五行調和，飲之可去百疾。
3. 「聖唐滅胡明年鑄」：安史之亂始於玄宗天寶十四載（755）十一月，而平定於代宗廣德元年（763）正月，歷時約七年三個月。陸羽為紀念此歷史性大事，乃於廣德二年（764）鑄此風爐。

灰承：承灰爐之用。作三足，以鐵鑄成。

墆堁：通灰爐之用。

風爐三足之間有三個窗子，窗上各書六個古文字：「伊公」、「羹陸」、「氏茶」，即所謂「伊公羹、陸氏茶」也，意指古來伊公的羹，陸氏的茶最為上乘。底部有一窗，用來通風，落灰爐。風爐內壁築有一道土堤，以為承受及固定墆堁之用。爐內設三格，一格標有翟圖，翟為火鳥，故添以离卦。一格畫有彪，彪乃風獸，故添以巽卦。另一格為魚，魚為水族，故添以坎卦。巽司風，离司火，坎司水；風能興火，火使水沸騰，故其三卦皆有其寓意在焉。

（二）筥

竹或藤編的炭斗。〔註66〕

〔註64〕陸羽，前引書，卷中〈四之器〉，頁745～755。
〔註65〕日・春田永平，《茶經中卷茶具圖解》（台北，世界文物出版社，民國71年4月出版）收入朱小明《茶史茶典》，頁54。
〔註66〕此筥同《茶經》卷上〈二之具〉之筥，均為竹編的容器，惟此筥〈四之器〉指炭斗，〈二之具〉之筥指茶籠。

（三）炭　檛

以六稜形之鐵製，即炭鎚，用以碎炭。另有做成槌狀或斧狀，視其便利性而定。

（四）火　筴

以鐵或熟銅製，用以夾炭。

（五）鍑

或作釜，以生鐵製成，用以烹煮末茶之器。洪州（今江西南昌）以瓷製成；萊州（今山東掖縣）則以石製成；但若長久使用，則以銀製爲佳。

（六）交　床

用木頭交叉成十字形，中間削空，用以支撐鍑。

（七）夾

以細小的青竹製成，一端有節，由節以下至頂端剖開，用以夾餅茶烘炙。另外，也有以精鐵或熟銅製成，取其持久。

（八）紙　囊

即紙袋。以白色較厚的剡藤紙縫成，烘炙後的餅茶，放入紙囊中封存，使茶香味不致外溢。

（九）碾

即磨臼，用以碾茶。以橘木製成，次用梨、桑、銅、柘等爲之。臼內圓外方，內圓便於運轉，外方易於固定。臼內以墮運轉，墮形似車輪而圓，墮軸四角形，兩端手持部分爲圓形。

拂末：以鳥羽製成，用以拂拭茶末。

（十）羅　合

羅是以巨竹剖開，上覆紗絹，用以篩茶。合則利用竹節製成，用以貯茶末，即將篩好的茶末放入合中貯藏。

（十一）則

即茶杓，以牡蠣、蛤等貝類製成，或以銅、鐵、竹等製成匙使用。則，即度量之意，係一種量茶末多寡之器。

（十二）水　方

用以貯水的容器，以桐、槐、楸、梓等木板拼合製成，內外縫隙處以漆填實，可容水一斗。

（十三）漉水囊

漉水用的器具，其囊框是用生銅鑄的，雖沾有濕氣，亦不生苔穢和銹；用熟銅易生苔穢，鐵則有銹。隱士多以竹、木做囊框，惟無法長久使用，故以生銅鑄者爲佳。貯存濾過的水的袋子，稱爲綠油囊，是用青竹編成網狀的袋子，外縫上細密的綠絹，並綴翠鈿爲裝飾。釋皎然即賦有〈春夜賦得漉水囊歌送鄭明府〉〔註67〕詩。

（十四）瓢

用以勺水的杓子，一名犧杓，剖瓠瓜爲二即成。另有梨木製成，唐人常用之。

（十五）竹　筴

即竹筷，烹茶時用以環激湯心，以發茶性。以桃、柳、蒲、葵木等製成，亦有以柿心木製成，兩端裏銀。

（十六）鹺　簋

瓷製，用以貯鹽。有合式、瓶式、罍式等形狀，唐人飲茶喜添加鹽爲佐料。
揭：以竹片製成的杓子，用以勺鹽。

（十七）熟　盂

用以貯熟水，供止沸之用。以瓷或陶製成，可容二升。

（十八）盌

指飲茶用的茶盌。其生產之名窯有：

1. 越州窯（今浙江紹興）上：其色青，故茶色綠，類玉、類冰。茶盌口緣平直不捲，底淺而捲。
2. 鼎州窯（今陝西涇陽）次。
3. 婺州窯（今浙江金華）次。
4. 岳州窯（今湖南湘陰）次：其色青，青則益茶，茶作白紅之色。
5. 壽州窯（今安徽壽縣）次：其色黃，故茶色紫，不宜茶。
6. 邢州窯（今河北邢臺）：其色白：故茶色黃，類銀、類雪，不宜茶。
7. 洪州窯（今江西南昌）次：其色褐，故茶色黑，不宜茶。

陸羽盛讚越瓷勝於邢瓷，其理由爲：越瓷青，盛茶後茶色綠，越瓷類玉，類冰；而邢瓷白，盛茶後茶色紅，邢瓷類銀、類雪、故「邢不如越」。惟陸

〔註67〕釋皎然，《春夜賦得漉水囊歌送鄭明府詩》（清聖祖御定，前引書）卷八二一，頁 9264。

羽這種品評法，沒有客觀之標準，輒視個人主觀之好惡而定。因此，當時人喜好邢瓷者仍多，甚至有人以爲「邢州處越州上」，故邢瓷不一定不如越瓷。

（十九）畚

　　用以盛裝茶盌的器具。以白蒲、竹或藤編成圓筒形的盒子；或用剡紙製成四角形的紙袋，均可放十枚茶盌。

（二十）札

　　以栟櫚皮理齊，夾在茱萸木上綁好；或截斷竹子，束成如粗筆管狀，用以清潔諸器物。

（二十一）滌　方

　　用以盛裝洗滌諸器物之廢水，以楸木拼合而成，形狀與水方相似，可容水八升。

（二十二）滓　方

　　用以盛裝茶滓（渣）的器具，製法與滌方相同，可盛五升。

（二十三）巾

　　用以拂拭器物的茶巾，以粗綢布製成，通常備二枚以供換洗使用。

（二十四）具　列

　　即茶棚，用以陳列諸色茶器，有床式和架式二種，以純木或純竹製成。

（二十五）都　籃

　　即茶箱。烹飲完畢，用以盛裝諸色茶器，係全以竹皮編成的方形容器。

三、茶器拾遺

　　以上陸羽所述唐代之茶器，幾乎搜羅殆盡，以鉅細靡遺差堪比擬，其識廣見豐令人讚佩。惟唐人所使用之茶器，因人、因時、因地而異，故除陸羽所述者外，當另有其他之茶器，爰有再加以補充的必要，使吾人得以盡窺唐代茶器之全貌。

　　（一）茶　鐺

　　金或銅製，有柄或有足之烹器（如附圖一七），置於釜或風爐上，用以烹茶，由唐人閻立本所繪〈蕭翼賺蘭亭圖〉（如附圖一八）可見之，其畫圖左之長者手持之茶鐺置於風爐上即是。劉昫等撰《舊唐書》卷一〇五〈韋堅傳〉亦見記載：

　　　天寶元年三月，（韋堅）擢爲陝郡太守、水陸轉運使……堅預於東京、

汴、宋取小斛底船三二百隻置於（廣運）潭側，其船皆署牌表之。

若……豫章郡船，即名瓷、酒器、茶釜、茶鐺、茶椀。〔註68〕

韋堅創議預陳各郡之特產堆積於各船之上，而豫章郡之特產有名瓷、酒器、茶釜、茶鐺、茶椀等，茶鐺即是其一。韋堅之創見，足以使各地貨品互通有無，而此種貨品陳售方式，已具今「博覽會」之性質。

（二）銚

係有柄、有嘴的小壺（如附圖一九）。唐・元稹〈一字至七字（茶）詩〉有「銚煎黃蕊色」〔註69〕之詩句，顯見唐代已有使用茶銚，用以烹茶。

（三）茶托子

即用以承茶盌的托盤，使其不致燙手。唐・李匡乂《資暇集》卷下中曾見記載：

> 茶托子始建中蜀相崔寧之女，以茶盃無襯，病其熨（燙）指。取楪子承之，既啜而盃傾，乃以蠟環楪子之央，其盃遂定。即命匠以漆環代蠟，進於蜀相，蜀相奇之爲制名而話於賓親，人人爲便，用於代。是後傳者更環其底，愈新其制，以至百狀焉。〔註70〕

李匡乂謂茶托子係德宗建中時（780～783），蜀相崔寧之女發明的。她以楪子承托茶盃，並以蠟環楪子之中央，使其固定，不致傾倒，宋・程大昌《演繁露》中亦主是說。〔註71〕然而代宗大曆元年（766）曹惠琳墓曾於西安出土白瓷盞托，其淵源更是可追溯至唐以前。目前已知最早的盞托係出土於長沙沙子塘二號晉墓，嗣後在南朝墓中更發現許多盞托，它們有的與盞成套出土，其形制與唐代的盞托相同，因而可以肯定是茶器。〔註72〕在南朝的青瓷中，吾人往往可以看到一種蓮瓣盞托（如附圖二〇），在造型上與唐代的盞托極爲相似，它應是唐代茶托的濫觴。〔註73〕由上所述，故知茶托子應不始於唐。

〔註68〕 劉昫等，前引書，卷一〇五〈韋堅傳〉，頁3222、3223。

〔註69〕 元稹，一字至七字（茶）詩（台北，漢京文化事業有限公司，民國72年10月出版）收入四部刊要《元稹集》，頁697。

〔註70〕 李匡乂，《資暇集》（台北，新文豐文版公司，民國74年1月印行）卷下，收入叢書集成新編，頁192。

〔註71〕 程大昌，《演繁露》（台北，新文豐出版公司，民國74年1月印行）收入叢書集成新編第一一冊，卷十五〈托子〉，頁613～614。

〔註72〕 孫機，《唐宋時代的茶具與酒具》（北京，文物出版社，1982年7月出版）收入《中國歷史博物館館刊》總第四期，頁116。

〔註73〕 宋伯胤，《飲茶、茶具與紫砂陶器》（香港藝術館，1984年印行）收入《茶具

（四）茶　注

又名注子或水注，用以點茶或注水用，瓷製。目前能夠確認係唐代的茶注是從西安文宗太和三年（829）王月哲墓出土的「老導家茶社瓶」（如圖二一），這瓶的形狀是圓腹、盆口、肩上有把手及短流。此種注子的形制，與流行於兩晉間的雞頭壺（如附圖二二）極為相似。但晚唐以後為求注湯順暢，緩急有度，茶注的流子由短拙而改為細長，方便點茶。〔註74〕

唐代的茶注，又可從唐人的繪畫中得到印證，張萱繪〈明皇和樂圖〉（如附圖一五）右側一侍女手捧之茶盤內，即有一茶注，用以注水。值得注意的是，此茶注不論注身、把手和流，造型柔和，纖細輕巧，流的長度顯著地增長了。

中唐以後，飲茶風氣盛行，因此一般人對於烹飲方法及飲茶器具，甚為講究；由上所述，器具種類之繁多，製工之精巧細緻可見一斑。然陸羽本意只是基於解說上的需要，並非意謂所有的飲茶器具必須完全齊備。因此，他在《茶經》〈九之略〉〔註75〕中特別強調上列飲茶器具，可因人、因時、因地、因物而制宜，可省則省，可略則略，不必拘泥於文義或形式。陸羽積極提倡中國茶藝文化，並不高自標榜，或株守舊說、成規，而是從他自己親炙茶事之經驗所得，以平易之心，筆之於書，人人可學，人人可做，以達到積極提倡茶藝的目的。但他也同時聲明若王公、貴族及富豪之家，特別講究精緻高尚的飲茶品味，若完全齊備二十四器（按應是二十九器），亦未嘗不可。

再者，唐代對茶的採製、栽培技術，對茶性的科學認知，以及使用飾以「連葩、垂曼、曲水、方丈」等繁複精美圖案的飲茶器具，足見唐代在科技、文化和藝術等方面，已有高度的成就。

第四節　其　他

一、茶具與茶器名稱釐正

陸羽《茶經》卷上、卷下分別列有「二之具」及「四之器」二目，顯見「茶具」與「茶器」異部，各代表其不同的意義，今人程光裕早已指出其不同處：

文物館羅桂祥藏品》下冊，頁9。

〔註74〕佚名，《中國飲茶風俗發展簡介》（香港藝術館，1984年印行）收入《茶具文物館羅桂祥藏品》上冊，頁15。

〔註75〕陸羽，前引書，卷下〈九之略〉，頁775〜776。

按「具」者，皆採茶製茶之具。「器」者，則煎茶飲茶之器，故二者
異部。〔註76〕

陸羽既已詳言二者在意義上迥然有別，並列出所指爲何物，換言之，人既已
明白規範二名稱之用法，則後人應能明白分辨並正確使用這兩個名詞。然而，
歷來正確使用者有之，混用及誤用者亦不乏其人，茲聊舉數例，以見該二名
詞正確使用之難。

（一）正確使用者

1. 唐・蘇廙〈十六湯品〉

……第七富貴湯，以金銀爲湯器，惟富貴者具焉。……湯器之不可捨
金銀，猶琴之不可捨桐，墨之不可膠。第八秀碧湯，石凝結天地秀氣
而賦形者也。琢以爲器，秀猶在焉。其湯不良，未之有也。〔註77〕

蘇廙不言「湯具」、「琢以爲具」，而言「湯器」、「琢以爲器」，可見二名詞應
有別。

2. 唐・趙璘《因話錄》

（兵部員外郎李）約天生唯嗜茶，能自煎……客至不限甌數，竟日
執持茶器不倦。〔註78〕

趙璘不言「茶具」，而言「茶器」，可見二名詞應有別。

3. 唐・封演《封氏聞見記》

御史大夫李季卿宣慰江南，至臨淮縣館，或言（常）伯熊善茶者，
李公請爲之。伯熊著黃被衫、烏紗帽，手執茶器，口通茶名，區分
指點，左右刮目。〔註79〕

封演不言「手執茶具」，而言「手執茶器」，可見二者應有區別。

4. 唐・白居易〈睡後茶興憶楊同州〉詩

傍邊洗茶器，白瓷甌甚潔。〔註80〕

〔註76〕程光裕，《茶經考略》（陽明山，中國文化學院，民國54年6月出版）收入《華
岡學報》第一期、頁199。
〔註77〕蘇廙，《十六湯品》（台灣大通書局，民國68年7月出版）收入《全唐文》，
卷九四六，頁12411。
〔註78〕趙璘，前引書，卷二，頁14。
〔註79〕同註12。
〔註80〕白居易，《睡後茶興憶楊同州詩》（台北，漢京文化事業有限公司，民國73年
3月出版）收入四部刊要《白居易集》一，卷第三十〈格詩〉，頁681。

茶盌屬茶器，故白居易言「傍邊洗茶器」，而不言「傍邊洗茶具」，顯見二名詞有別。

5. 唐・李肇《唐國史補》

> 鞏縣陶者多爲甆（瓷）偶人，號陸鴻漸，買數十茶器得一鴻漸，市人沽茗不利，輒灌注之。〔註81〕

鞏縣陶者所賣之茶器，是指烹茶及飲茶用的器皿，故李肇以茶器稱之。

6. 唐・李沖昭《南嶽小錄》

> 唐開元年中，有王天師仙喬……每攜茶器，於城門內施茶。〔註82〕

王天師所携帶之茶器，必然是指烹茶及飲茶用的器皿，絕不可能携帶採茶及製茶的茶具於城門內施茶，故李沖昭言王天師所携帶之器皿爲茶器，絕對正確。

（二）誤用或混用者

1. 封演《封氏聞見記》

> 楚人陸鴻漸爲茶論，説茶之功效并煎茶、炙茶之法，造茶具二十四事，以都統籠貯之，遠近傾慕……。〔註83〕

陸羽《茶經》卷中〈四之器〉言烹飲完畢，以都籃盛裝諸色茶器，故封演言「茶具」，顯係誤用。封演前曾言：「（常）伯熊……手執茶器，口通茶名，區分指點，左右刮目。」〔註84〕正確地使用「茶器」名詞，而其前後所使用之名稱，竟有此不同，顯見此二名詞易於混用之一斑。

2. 唐・陸龜蒙〈奉和襲美茶具十詠〉詩〔註85〕

皮日休詩中有詠茶具，如茶籝、茶竈、茶焙等，詠茶器有茶鼎、茶甌等，由此可見皮氏此詩並非全然詠茶具，其中尚包括詠茶器，故陸氏不當以「茶具十詠」爲題涵蓋其餘「茶器」。反觀，此詩皮氏題爲「茶中雜詠」，〔註86〕他不以二者之一爲題名詩，顯見皮氏瞭解「茶具」與「茶器」意義有別。

〔註81〕同註25。
〔註82〕同註36。
〔註83〕同註12。
〔註84〕同註79。
〔註85〕陸龜蒙，前引詩，卷六二○，頁7144。
〔註86〕皮日休，前引詩，收入《全唐詩》卷六一一，頁7053～7055。

3. 宋・審安老人《茶具圖贊》〔註87〕

　　文中茶具有「本待制、金法曹、石運轉」等三種，茶器有「韋鴻盧、胡員外、羅樞密、宗從事、漆雕秘閣、陶寶文、湯提點、竺副帥、司職方」等九種，文中所述包含茶具及茶器，故書名不宜僅稱《茶具圖贊》，顯然審安老人將此十二種茶之器具，全視為茶具，而不知有「茶器」之名。

4. 日・春田永年《茶經中卷茶具圖解》〔註88〕

　　其大作全係詮釋及圖解陸羽《茶經》卷下〈四之器〉所言烹茶及飲茶所使用的器皿，故春田氏稱《茶具圖解》似有未當，應稱《茶器圖解》始為正確，顯見春田氏誤用「茶具」之名稱，而不知「茶器」何所指了。

　　以上謹聊舉數例，足見正確使用者有之，混用或誤用者亦不乏其人。時至今日，誤用者仍多，坊間印刷刊物、招牌廣告觸目皆是，此乃不明陸羽所言茶具、茶器何所指，有以致之。筆者將此延誤近二千年的嚴肅問題提出，若因此而得正名，庶幾乎不違陸羽之原意，則中國之茶藝文化甚幸！

二、唐代製瓷業發達與茶風極盛之關係

　　陶瓷器的製作，是中國偉大的發明之一，中國製瓷業發達，歷史悠久，產品除供應國內以外，自古以來即大量外銷。瓷器源於陶器，漢代已有原始瓷器，並已逐漸從陶器過渡到瓷器。「瓷」字首見於晉・呂忱《字林》一書中，〔註89〕晉・潘岳〈笙賦〉亦云：「傾縹瓷以酌醽」。〔註90〕縹瓷，即青白色的瓷器，可見瓷器晉世已有之，至六朝漸臻豐富。隋何稠亦曾以「綠瓷」代瑠璃，〔註91〕綠瓷即所謂青瓷，「然其製至唐而始工，亦且益多」。〔註92〕《舊唐書》卷一〇五〈韋堅傳〉即記載豫章郡船載有「名瓷、酒器、茶釜、茶碗」

〔註87〕審安老人，《茶具圖贊》（台北，世界書局，民國72年10月出版）收入《飲饌譜錄》，頁3～4。

〔註88〕同註65。

〔註89〕呂枕，《字林》（台北，文津出版社，民國76年7月出版）出自梁・蕭統文選集潘岳〈笙賦〉，唐・李善所注引，卷第16，頁86。

〔註90〕潘岳，《笙賦》（台北，文津出版社，民國76年7月出版）收入梁，《蕭統文選》。

〔註91〕魏徵等，《隋書》（台北，鼎文書局，民國76年5月出版）卷六八〈何稠傳〉，頁1596。

〔註92〕呂思勉，《隋唐五代史》（台北，里仁書局，民國66年12月發行）第十八章，頁896。

〔註93〕等式樣繁多的器皿，而這些器皿以瓷製者居多。又如陸羽《茶經》卷中〈四之器〉即載有當時許多的名窯。〔註94〕

　　唐代之名窯極多，窯廠林立，最著者有「越州窯、邢州窯、平陽窯、霍州窯、南星窯、鼎州窯、壽州窯、洪州窯、蜀窯、岳州窯、婺州窯、秦州窯」等。〔註95〕由此觀之，中國「瓷之製造，至唐確已進入完成時期」。〔註96〕

　　唐代製瓷業的發達，其原因甚多，除了與自中唐以後，銅錢之需求量日增，造成嚴重的銅荒現象，唐政府乃屢頒禁鑄銅為器的禁令，因此以銅製作日用器物就受到了限制，瓷製之器物乃代之興起，造成唐代製瓷業的發達；此外，與唐代茶飲之風極盛也有密切的關係。唐代飲茶風氣極盛，幾乎已達到「比屋之飲」的程度，飲茶人口眾多，相對地瓷製之茶器需求量亦大增，因而產量日多，銷售漸廣。吾人從《舊唐書》卷一○五〈韋堅傳〉記載豫章郡之船，盛載其特產之「茶釜、茶椀」等，可見瓷製之茶器，已成為人民普遍使用的日常用具。

　　唐代人民日常生活所使用的瓷製茶器，究有那些？吾人從陸羽《茶經》中之記載，可知有如下五種：

　　（一）水注：陸羽曾言，蒸茶時，「釜涸注於甑中」，〔註97〕其意為蒸茶時，當釜中的開水將乾涸時，即從甑中注入水。由今存世甚多之水注（如附圖二三、二四），即知唐時之水注，以瓷製者居多。

　　（二）鍑：或作釜，用以烹煮末茶之器。洪州（今江西南昌）以瓷為之。

　　（三）鹺簋：瓷製，用以貯鹽。

　　（四）熟盂：以瓷或陶製成，用以貯熟水。

　　（五）盌：指飲茶用的茶盌。其生產之名窯有：越州窯、鼎州窯、婺州窯、岳州窯、壽州窯、邢州窯及洪州窯等七處。除上述七處外，窯口幾乎遍及全國，各窯幾乎皆燒製茶盌。〔註98〕此與瓷器易碎，需要量大之外，與飲茶風氣盛行亦有極密切的關係。

〔註93〕同註68。

〔註94〕陸羽，前引言，卷中〈四之器〉，頁752～753。

〔註95〕程光裕，《茶與唐宋思想界及政治社會關係》（台北，大立出版社出版）收入《中國茶藝論叢》第一輯，頁44。

〔註96〕岑仲勉，《隋唐史》，不著出版社，卷下，頁550。

〔註97〕陸羽，前引書，卷上〈二之具〉，頁739。

〔註98〕童依華，《隋、唐、五代瓷器》（台北，國立故宮博物院中華五千年文物集刊編輯委員會，民國74年10月出版）收入《中華五千年文物集刊》〈瓷器篇〉二，頁154～160。

上述五種飲茶器皿，在在皆以瓷為之，而其中尤茶盌之需求量最大，產量最多。瓷製之茶器，除供銷國內以外，另因中國瓷器精美、實用，早已馳名中外，藉水陸交通輸往朝鮮、日本、南洋、波斯（今伊朗）等海外國家。其中更在印度、伊拉克及遠至埃及開羅附近等古蹟或廢墟中，均有唐代瓷器的殘片發現，〔註99〕這些外銷的瓷器中，當包括瓷製的茶器在內。

　　總之，由於唐代茶風極盛，全國上下無不飲茶；加以中唐以後禁鑄銅為器，故為配合廣大飲茶人口之需求，瓷製茶器乃應運而生，大量生產，以供銷國內、外。此茶風極盛的結果，間接促成了唐代製瓷業的發達，並為後代製瓷業的發展，奠定了不朽的根基，故唐代製瓷業之發達，與茶風極盛有極密切之關係。

〔註99〕佚名，《古代瓷器》（台北，弘文館出版社，民國74年9月出版）收入《考古學基礎》，頁235。

第四章　茶之產銷及其交易方式

第一節　茶之生產

一、生長環境

　　茶之生長環境，一般而言，係以高溫多濕、土質疏鬆、排水良好之丘陵地為佳，故在我國大致產於淮河以南之亞熱帶地區。陸羽《茶經》卷上〈一之源〉中云：「茶者，南方之嘉木也」，〔註1〕正說明茶乃中國南方之特產，南方亞熱帶地區適宜種茶，北方寒冷乾旱則不適宜種植，而以今秦嶺、淮河為其最北的界線。逾此界以北，則受氣候、土壤等自然條件所限，栽植不易成功。關於茶園之選擇及應注意事項，唐·韓鄂《四時纂要》云：

　　　　（種茶）大概宜山中帶坡峻，若於平地，即須於兩畔深開溝壠洩水，

　　　　水浸根必死。〔註2〕

韓鄂指出茶園選擇標準是「宜山中帶坡峻」之地為佳，其次若於平地建立茶園，則「須於兩畔深開溝壠洩水」，這是因為茶樹忌浸水，「水浸根必死」。山坡地種茶，則排水良好，利於茶樹生長；若於平地種茶，則易澇災淹水，不利於茶樹生長，故唐代茶園主要分佈於山坡地，是有其道理的。

〔註1〕陸羽，《茶經》（台北，新興書局，民國58年7月發行）卷上〈一之源〉，收入宋刻本左圭《百川學海》，頁737。

〔註2〕韓鄂，《四時纂要》（台北，藝文印書館，民國59年據明萬曆十八年朝鮮慶尚左兵營刊本景印）收入《歲時習俗資料彙編》3，頁48。

　　茶樹之生長，與土質及種植環境有密切的關係。陸羽《茶經》卷上〈一之源〉云：

> 其地，上者生爛石，中者生櫟（礫）壤，下者生黃土……陽崖陰林，
> 紫者上，綠者次……陰山坡谷者，不堪採掇。〔註3〕

這說明茶樹適宜種植在土質肥沃、疏鬆之地，黏重、貧瘠的黃土，則不利於茶樹的生長。茶樹喜生長於向南有日照的山崖，但須有遮蔭的措施，而不喜生長於向北少日照的山坡谷地。

　　茶樹不喜陽光直射，它具有耐陰的特性。據現代科學研究指出，一定的陽光照射，可以促使茶樹繁茂與生長，但若在強光高溫曝曬下，葉片氣孔閉合，妨礙蒸發作用，影響茶葉之光合作用與有機物質的合成，易使茶葉老化，降低茶葉品質，若有適當之遮蔭措施，即可避免上述不利之因素而引起的弊病。〔註4〕我國早在唐代即已認識茶樹具有「畏日」的特性，必須種在「桑下」或「竹陰」之地。〔註5〕故韓鄂建議：「茶未成開，四面不妨種雄麻、黍、祭（稷）等。」。〔註6〕這一方面是為茶樹採取遮蔭的措施，另方面則可增加雜作之收穫量，真可謂一舉兩得。

二、栽培方法

　　唐代茶園遼闊，全國產茶地約有五十多州郡，幾乎遍及南方各個省區，可見我國現在主要的茶產區，早在唐代即已奠定基礎。由此觀之，唐代在茶樹栽培方面，必然累積和創造了許多寶貴的經驗，並且還為後人所遵循採用。這方面的知識，唐人可謂有承先啟後之功，因而他們栽種茶樹的經驗、方法，頗值得吾人加以深入的探討與研究。

　　首先陸羽在《茶經》卷上〈一之源〉中記載茶樹植種「法如種瓜，三歲可採」，〔註7〕依據韓鄂《四時纂要》中記載種瓜法如下：

> 種瓜，是月（二月）當上旬為上時，先淘瓜子，以鹽和之，著鹽則
> 不籠死，先開方圓一尺，淨去浮土，坑雖深大，若雜以就（舊）土，

〔註3〕陸羽，前引書，卷上〈一之源〉，頁737～738。
〔註4〕張秉倫、唐耕耦，《試論唐朝茶樹栽培技術及其影響》（台北，蒲公英出版社，民國75年6月10日出版）收入《中國科技史文集》，頁46～47。
〔註5〕同註2。
〔註6〕同上。
〔註7〕陸羽，前引書，卷上〈一之源〉，頁738。

　　令瓜不生，深五寸，納瓜子四介，大豆三介於坑傍。瓜性弱，苗不

　　能獨生，故得大豆以起土，瓜生則掐去豆苗。〔註8〕

由此可知，種茶一如種瓜，係採用種子直播法，故陸羽《茶經》卷上〈一之源〉云：「凡藝而不實，植而罕茂」，〔註9〕即說明種茶如不以種子直播，而以茶苗移植，則茶樹無法繁茂地生長。又惟恐茶及瓜種子發芽率低，故皆採取多子穴播法，以提高種子發芽率。至於種瓜須於旁加種大豆以起士，種茶似不必增此手續，因《四時纂要》中未載此法。

　　唐人於茶子播種前，爲了使茶子達到保溫和保濕，防止凍死的目的；另方面爲了保持茶子的生命力，以提高茶子的發芽率及提前發芽，因而發明了「茶子沙藏催芽法」，至今還有極爲實用的價值，它並可廣泛地應用於其他植物的種植上。其法韓鄂《四時纂要》有詳細的記載：

　　收茶子：熟時，收取子和濕沙土拌，筐籠盛之，穰草蓋。不爾，即

　　乃凍不生，至二月出種之。〔註10〕

以上所述，即是「茶子沙藏催芽法」。即將成熟的茶子，先用濕土拌和，再放入筐或籠中，其上再覆蓋穰草。如此，茶子即可達到保溫保溼，避免凍死的目的，並可提早發芽。

　　至於如何種茶？韓鄂《四時纂要》有極詳細的記載：

　　種茶：二月中於樹下或北陰之地，開坎圓三尺，深一尺，熟斸，著糞

　　和土。每坑種六七十顆子，蓋土厚一寸，強任生草，不得耘。相去二

　　尺種一方，旱即以米泔澆。此物畏日，桑下、竹陰地種之皆可，二年

　　外方可耘治，以小便，稀糞、蠶沙澆擁之，又不可太多，恐根嫩故也。

　　大概宜山中帶坡峻，若於平地，即須於兩畔深開溝壠洩水，水浸根必

　　死……茶未成開，四面不妨種雄麻、黍、祭（稷）等。〔註11〕

韓鄂記載當時茶樹種植方法爲「多子穴播法」，即先在「樹下或北陰之地」，「開坎圓三尺，深一尺」，相距二尺種一方，種前先將土塊搗碎，並鏟除雜草和樹根，以免草木滋生，妨礙茶子發芽生長。然後「著糞和土」作爲基肥，再將經過沙藏催芽處理的茶子在每個坑裡播種六、七十顆，上面蓋土一寸，「強任

〔註8〕韓鄂，前引書，頁40。

〔註9〕同註7。

〔註10〕同註2。

〔註11〕同上。

生草，不得耘」，以免鋤傷正生長的幼芽或幼苗。乾旱時，即以淘米的水澆潤之。茶樹忌陽光照射，須種於桑下或竹陰地。兩年後，方可耘鋤、移苗，並可以小量的小便、稀糞、蠶沙澆灌，但量不可太多，恐根嫩傷根。茶以種於山坡地最爲適宜，若於平地種植，則須於兩畔深開溝壟洩水，否則「水浸根必死」。茶樹未長成時，四面不妨間種雄麻、黍、稷等高稈作用，一方面有遮蔭的作用，另方面又可增強抵抗自然災害的能力。茶樹適當的遮蔭措施，是有其科學的道理依據，遮蔭可降低茶樹葉溫，又能提供光合作用所需要的陽光，以維護茶葉的品質，這種措施自唐宋以後歷代相沿不替。

另外，韓鄂言種茶須「每坑種六七十顆子」，表示唐時種茶乃是採用「多子穴播法」，多子種植對於抵抗不良環境有很大的作用。另因茶的種子，空殼多，發芽率低，故明・李時珍《本草綱目》卷三十二載：

（茶）二月下種一坎，須百顆乃生一株，蓋空殼者多故也。〔註12〕

驗之李時珍的記載，可見韓鄂之言，誠不虛也。這種茶子空殼多的毛病，亦在明朝始逐漸被克服，羅廩《茶解》載：

秋社後，摘茶子水浮，取沈實者，略曬去濕潤沙拌，藏竹簍中，勿令凍損，後春旺時種之。〔註13〕

羅廩記載的水篩選茶子法，可保茶子有較高的發芽率，對去除空殼之茶子，無疑是一種有效的良法。

唐代茶園面積遼闊，茶葉產量極大，在茶樹栽培方面必定累積及創造了許多寶貴的經驗，並已發展出一套完整的栽培技術，包括茶園選擇、土壤條件、茶子貯藏及催芽法、播種方式及密度、施肥灌溉及遮蔭措施等等，爲唐以後茶樹栽培技術奠定了基礎，其中茶園選擇標準、茶子沙藏催芽法、播種方法（直播法和多子穴播法）及遮蔭措施等栽培技術，不僅爲宋、元、明、清等各朝所沿用，而且至今還有其實用價值，可見唐代茶樹栽培技術影響之深遠。

韓鄂生平無可考，其所著《四時纂要》一書，在《新唐書》藝文志〈農家類〉〔註14〕、《直齋書錄解題》農家類〔註15〕、《郡齋讀書志》農家類〔註16〕、

〔註12〕李時珍，《本草綱目》（台北，鼎文書局，民國62年9月出版）卷三十二，頁1070。
〔註13〕羅廩，《茶解》（北京，新華書店，1981年11月發行）收入《中國茶葉歷史資料選輯》，頁165。
〔註14〕歐陽修、宋祁，《新唐書》（台北，鼎文書局，民國74年2月出版）卷五十九

《宋史》藝文志〈農家類〉〔註17〕、《文獻通考》經籍考〈農家類〉〔註18〕等均曾著錄。本書大約成於晚唐，無疑是總結唐末以前農民種茶的經驗，從中可窺見我國在一千餘年前，便已有了豐富的種茶知識。韓鄂所載種茶法，實比依據北魏賈思勰《齊民要術》中所載種瓜法〔註19〕來臆斷唐朝茶樹如何栽培，來得更正確、可靠。他為中國保存極為珍貴的茶樹栽培史料，並使之流傳後世，實在功不可沒。原書今已亡佚，傳本係明神宗萬曆十八年（1590）朝鮮慶尚左兵營之刊本，今台北藝文印書館曾景印發行。〔註20〕

三、產區分布

唐代飲茶習俗，風靡全國，並已傳至域外鄰國，因需要量大，故種茶之區亦相對擴大，江南一帶，山多田少，遍植茶樹。唐・張途〈祁門縣新修閶門溪記〉云：

> （祁門縣）邑之編籍民五千四百餘户，其疆亦不為小，山多而田少，水清而地沃，山且植茗，高下無遺土，千里之内，業於茶者七八矣！〔註21〕

當時「江南百姓營生，多以種茶為業」，〔註22〕宋・王欽若等奉撰之《冊府元龜》卷五一〇〈邦計部重斂門〉亦載：「江淮人什二三以茶為業」。〔註23〕唐代從事種茶的人口增多，可以想見江南一帶，茶園遍佈的情況，真所謂「高

〈藝文志〉，頁1539。

〔註15〕陳振孫，《直齋書錄解題》（台灣商務印書館，民國67年5月發行）卷十，頁286。

〔註16〕晁公武，《郡齋讀書志》（台灣商務印書館，民國67年1月發行）卷三上，頁232。

〔註17〕脫脫等，《宋史》（台北，鼎文書局，民國72年11月發行）卷二〇五，頁5205。

〔註18〕馬端臨，《文獻通考》（台灣商務印書館，民國76年12月發行）收入《十通》第十二冊，卷二一八，頁1773。

〔註19〕賈思勰，《齊民要術》（台灣中華書局，民國55年3月發行）卷二，頁12。

〔註20〕韓鄂，《四時纂要》（台北縣，藝文印書館，民國59年印行）收入《歲時習俗資料彙編》3。

〔註21〕張途，《祁門縣新修閶門溪記》（台灣大通書局，民國68年7月出版）收入《全唐文》卷八〇二，頁10629。

〔註22〕闕名，《禁園户盜賣私茶奏》（台灣大通書局，民國68年7月出版）收入《全唐文》卷九六七，頁12690。

〔註23〕王欽若等，《冊府元龜》（台北，大化書局，民國73年10月印行）卷五一〇〈邦計部重斂門〉，頁2693。

下無遺土」。

　　唐代茶的產區甚爲遼濶，約遍及相當於今十三個省區，有關記載唐代茶產地的文獻約有：（一）陸羽《茶經》。（二）李肇《唐國史補》。（三）楊煜（又名曄、曄）《膳夫經》。（四）李吉甫《元和郡縣圖志》。（五）杜佑《通典》。（六）樊綽《蠻書》。（七）歐陽修、宋祁《新唐書》等七書，其所載之內容詳略不等，惟可相互補足，有助於吾人了解唐代茶產地之全貌。其中有的指出各地名茶的茶名（如唐國史補），更有的記載唐代名茶流通的情形（如膳夫經），此均爲極珍貴之史料。茲將上述七種文獻記載唐代茶之產地臚列於後：

（一）茶　經

　　唐・陸羽撰。他曾對唐代的茶產區，作有系統的介紹，他將全國茶產地分爲八大茶區。〔註24〕各茶區內再依茶葉品質之優劣分爲上、次、下、又下四個等級；惟這種分級，當未有絕對客觀之標準，輒視個人主觀之好惡而定，致各書之品評不一，於此僅供作參考。這八大茶區，多以道分爲：

1. 山南茶區：指山南道所產之茶，以峽州爲上，襄州、荊州其次，衡州〔註25〕爲下，金州、梁州又下。

2. 淮南茶區：淮南道之產茶區，以光州爲上，義陽郡舒州其次，壽州爲下，蘄州、黃州又下。

3. 浙西茶區：浙西乃方鎮，太宗貞觀時屬江南道，玄宗開元二十一年（733）以後隸江南東道，肅宗至德年間以後將江南東道分爲浙江西道與浙江東道兩方鎮。以湖州爲上，常州其次，宣州、杭州、睦州、歙州爲下，潤州、蘇州又下。

4. 劍南茶區：劍南道茶區，以彭州爲上，綿州、蜀州、邛州其次，雅州、瀘州爲下，眉州、漢州又下。

5. 浙東茶區：浙東乃方鎮，肅宗至德年間以後由江南東道分設。以越州爲上、明州、婺州其次，台州爲下。

6. 黔中茶區：黔中道茶區，產於思州、播州、費州、夷州。

7. 江南茶區：江南道產區，產於鄂州、袁州、吉州，應隸後析分之江南西道。

〔註24〕陸羽，前引書，卷下〈八之出〉，頁 773～775。
〔註25〕衡州，唐初已隸江南道，陸羽誤列入山南道。

8. 嶺南茶區：嶺南道茶區，產於韶州、象州、福州、建州。〔註26〕

唐代產茶區域甚爲遼潤，陸羽已大略描繪出其輪廓，惟尙無法賅備全中國的茶產地，其中還有漏列的。例如：三國蜀漢諸葛亮南征雲南所建立的建寧郡、永昌郡、雲南郡及興古郡等，早有產茶的記載；《新唐書》所列之岳州巴陵郡、江州潯陽郡、處州縉雲郡，於東晉時已開始植茶；阿拉伯早知嘉州犍爲郡產茶。〔註27〕南朝宋·沈懷遠《南越志》曰：「龍川縣出自皋蘆，葉似茗⋯⋯。」〔註28〕龍川縣在唐代屬循州龍川郡，又名海豐郡，今廣東省龍川、博羅、海豐等縣均屬之。北宋·范鎭《東齋記事》載有蜀利州（今四川廣元縣）之「羅村」茶。〔註29〕北宋·蘇轍《欒城集》載有洋州（今陝西洋縣）植茶的記錄。〔註30〕

陸羽所載唐代茶之產地，敍述翔實、明確，大部分係其足跡所至之地，另方面係其傳聞的記錄，例如在其《茶經》卷下〈八之出〉明載：

其思、播、費、夷、鄂、袁、吉、福、建、泉、韶、象十一（十二之誤）州，未詳，往往得之，其味極佳。〔註31〕

可見陸羽當時對這些茶產區情形及茶葉特質，尙不明瞭，且未親歷其境。惟品嚐其茶，已知其味有極佳者，陸羽這種「知之爲知之，不知爲不知」的多聞闕疑精神，是値得吾人敬佩的。陸羽以一介文士，而有此翔實之記載，若非一個身體力行、博學多聞之士所能爲也，吾人豈能再苛責他呢？

（一）唐國史補

唐·李肇著。唐代「風俗貴茶，茶之名品益眾」，〔註32〕因此他除了指出茶之產地外，更指出當時所通稱的茶名。

1. 劍南有蒙頂石花，或小方，或散牙，號爲第一。（劍南·雅州）
2. （江南道）湖州有顧渚山紫笋。（浙西·湖州）

〔註26〕建州應隸江南東道，陸羽誤列入嶺南道。

〔註27〕吳振鐸，《中國的茶葉產區分布及其特色》（上）（台北，中國文化大學出版部，民國 71 年 12 月出版）《華學月刊》第一三二期，頁 10。

〔註28〕沈懷遠，《南越志》，原書佚，據《重脩政和經史證類本草》卷十三，頁 342 引。

〔註29〕范鎭，《東齋記事》（台北，新文豐出版公司，民國 74 年 1 月發行）收入《叢書集成新編》第八三冊，卷四，頁 446。

〔註30〕蘇轍，《欒城集》（台灣中華書局，民國 55 年 3 月發行）卷三十九，頁 6。

〔註31〕陸羽，前引書，卷下〈八之出〉，頁 775。

〔註32〕李肇，《唐國史補》（台北，世界書局，民國 67 年 10 月出版）卷下，頁 60。

3.（劍南道綿州）東川有神泉小團、昌明獸目。（劍南・綿州）

4.（山南道）峽州有碧澗、明月、芳蕊、茱萸簝。（山南・峽州）

5.（江南道）福州有方山之露牙。（江南・福州）

6.（山南道）夔州有香山。

7.（山南道荊州）江陵有南木。（山南・荊州）

8.（江南道）湖南有衡山。（江南・衡州）

9.（江南道）岳州有邕湖之含膏。

10.（江南道）常州有義興之紫笋。（浙西・常州）

11.（江南道）婺州有東白。（浙東・婺州）

12.（江南道）睦州有鳩坑。（浙西・睦州）

13.（江南道）洪州有西山之白露。

14.（淮南道）壽州有霍山之黃牙。（淮南・壽州）

15.（淮南道）蘄州有蘄門團黃。（淮南・蘄州）

16.（江南道饒州）浮梁之商貨（茶）不在焉。

（註：底下括弧內係相當於陸羽《茶經》所載茶之產地，下同）

　　浮梁即今江西景德鎮。唐時，其出產的茶尤為有名，〔註33〕另方面它也是貨物的集散地，故唐・白居易〈琵琶行〉有載：「商人重利輕別離，前月浮梁買茶去」的詩句，〔註34〕可見唐時浮梁已有茶貨市場，而李肇言：「浮梁之商貨不在焉」頗令人費解，文恐刊誤，故《津逮秘書》本，「焉」作「第」，〔註35〕意即浮梁茶質不佳，不在品第之列，故《膳夫經》亦言：「浮梁茶……其於濟人，百倍於蜀茶，然味不長於蜀茶。」〔註36〕即是說浮梁茶產額雖多，然品味不佳。李肇所載茶產地與陸羽所載大同小異，所不同的是李肇所載之茶產地範圍較陸羽為窄，推其原因，他可能只載某地所出產的名茶而已，其他則略而不載，他

〔註33〕全漢昇，《唐宋時代揚州經濟景況的繁榮與衰落》（台灣商務印書館，民36年發行）國立中央研究院歷史語言研究所集刊第十一本，頁155。

〔註34〕白居易，《琵琶行》（台北，漢京文化事業有限公司，民國73年3月發行）收入四部刊要《白居易集》，卷十二，頁243。

〔註35〕日・布目潮渢，《唐代の名茶とその流通》（日本京都，龍谷大學東洋史學研究會，1982年12月發行）收入小野勝年博士頌壽記念《東方學論集》，頁282。

〔註36〕楊煜，《膳夫經》（台灣商務印書館，民國70年10月發行）收入《宛委別藏》第七一冊，頁6。

當亦知其他茶之產地。他所載的某些茶名，例如：芳蕊、白露、石花、獸目等，是其他文獻所無，應是當時當地人民所熟知而共識的茶名，李肇存留各地茶名之史料，是其可貴之處。李肇所載江南道洪州西山之白露茶，為陸羽《茶經》等其他各書所無，是其珍貴之處。

（三）膳夫經

唐·楊煜撰。他品評各地所產之名茶，並記載其流通情況，使後人明瞭各地茶之產銷情形（俟下節詳述）。茲僅將其所載之名茶敍述如下：〔註37〕

1. （劍南道雅州）新安含膏。新安茶，今蜀茶也。
2. （江南道）饒州浮梁茶。
3. （淮南道）蘄州茶：蘄水團黃、團薄餅。（淮南·蘄州）
4. （江南道）鄂州茶：鄂州團黃。（江南·鄂州）
5. （江南道池州）至德茶。（江南·池州）
6. （江南道）衡州衡山團餅茶。（江南·衡州）
7. （江南道）潭州茶：陽團茶、渠江薄片茶。
8. （山南道荊州）江陵南木香茶、襄陽茶。（山南·荊州）
9. （江南道）施州方茶。
10. （江南道）建州大團。（江南·建州）
11. （劍南道雅州）蜀蒙頂先春茶、鷹嘴牙、白茶供堂。（劍南·雅州）
12. （江南道）湖州顧渚茶。（浙西·湖州）
13. （江南道衡州）湖南紫筍茶。（江南·衡州）
14. （山南道）峽州茱萸簝、碧澗、明月，峽中香山茶、夷陵小源茶。（山南·峽州）
15. （淮南道）舒州天柱茶。（淮南·舒州）
16. （江南道）岳州灉湖茶。
17. （淮南道）壽州霍山小團。（淮南·壽州）
18. （江南道）睦州鳩坑茶。（浙西·睦州）
19. （江南道）福州黃茶。（江南·福州）
20. （江南道）常州宜興茶。（浙西·常州）
21. （江南道）宣州鶴山茶。（江南·宣州）

〔註37〕楊煜，前引書，頁 5～11。

22.（劍南道綿州）東川昌明茶。（劍南‧綿州）

23.（江南道）歙州茶、祁門方茶、婺源方茶、先春、含膏。（浙西‧歙州）

24.（江南道）婺州茶。（浙東‧婺州）

楊煜所載今湖南長沙地區之潭州茶、陽團茶、渠江薄片茶，及湖北恩施地區之施州方茶等，均爲陸羽《茶經》等其他各書所無，正可彌補茶產地史料之不足，俾知各地所產之名茶。

（四）元和郡縣圖志

唐‧李吉甫撰。他詳載各地上貢之名茶，〔註38〕上貢之茶必須茶質極佳，始可列爲上貢之物。他所載貢茶之州縣如下：

1.（江南道湖州長城縣）顧山紫筍茶。（浙西‧湖州）

2.（江南道饒州）浮梁（縣）茶。

3.（江南道）吉州貢茶。（江南‧吉州）

4.（山南道）江陵府貢碧澗茶芽。（山南‧峽州）

5.（山南道）峽州貢茶。（山南‧峽州）

6.（山南道）歸州貢白茶。

7.（山南道）金州貢茶。（山南‧金州）

8.（淮南道）和州貢茶。

9.（淮南道）舒州貢開火茶。（淮南‧舒州）

10.（淮南道）壽州貢茶。（淮南‧壽州）

11.（劍南道雅州嚴道縣）蒙山貢茶。（劍南‧雅州）

李吉甫所載和州（今安徽和縣）產茶，爲陸羽《茶經》等其他各書所無，此地產茶之史料，彌足珍貴。

（五）通　典

唐‧杜佑撰。他記載貢茶之州郡及其數量，〔註39〕惟全書所載不多，僅有三款，所述貢茶之州郡如下：

1.（山南道金州）安康郡……（山南‧金州）

2.（山南道峽州）夷陵郡……（山南‧峽州）

〔註38〕李吉甫，《元和郡縣圖志》（日本京都，中文出版社，1979 年 4 月發行）卷二十五，頁 338～663。

〔註39〕杜佑，《通典》（台灣商務印書館，民國 76 年 12 月月發行）卷六〈食貨典〉，頁 36～37。

3.（江南道溪州）靈溪郡……。

《通典》所載事蹟迄於天寶末年，而天寶以前茶風並不盛行，由於茶產地少，故所載貢茶之產地特少，而中、晚唐時茶風特盛，故見之於史料之茶產地特多。

（六）蠻　書

唐・樊綽撰。產茶之地，在《蠻書》卷七〈雲南管內物產第七〉篇中云：

> （劍南道姚州）茶出銀生城界諸山，散收無採造法，蒙舍蠻以椒、薑、桂和烹而飲之。〔註40〕

雲南為中國茶之原產地，由《蠻書》之記載，可見唐時雲南產茶已久。

（七）新唐書

宋・歐陽修、宋祁撰。《新唐書》卷三十九〈地理志〉載有貢茶的地方甚詳，〔註41〕為《舊唐書》所無。其記載諸土貢中有貢茶之產地如下：

1.（河北道）懷州河內郡。
2.（山南道）峽州夷陵郡。（山南・峽州）
3.（山南道）歸州巴東郡。
4.（山南道）夔州雲安郡。
5.（山南道）金州漢陰郡。（山南・金州）
6.（山南道）興元府漢中郡（註：原梁州漢川郡）
7.（淮南道）壽州壽春郡。（淮南・壽州）
8.（淮南道）廬州廬江郡。
9.（淮南道）廬州蘄春郡。（淮南・蘄州）
10.（淮南道）申州義陽郡。（淮南・申州）
11.（江南道）常州晉陵郡。（浙西・常州）
12.（江南道）湖州吳興郡。（浙西・湖州）
13.（江南道）睦州新定郡。（浙西・睦州）
14.（江南道）福州長樂郡。（江南・福州）
15.（江南道）饒州鄱陽郡。
16.（江南道）衡陽郡。（江南・衡州）
17.（江南道）溪州靈溪郡。

〔註40〕樊綽，《蠻書》（台北，鼎文書局，民國61年8月出版）卷七，頁190。
〔註41〕歐陽修、宋祁，前引書，卷三十九《地理志》，頁1010～1083。

18.（劍南道）雅州盧山郡。（劍南・雅州）

《新唐書》所載懷州河內郡、夔州雲安郡及廬州廬江郡等三郡產茶，爲陸羽《茶經》等其他各書所無；尤令人訝異者爲唐代茶之種植，亦見於中國北部的河北道懷州河內郡（今河南沁陽），惟極可能係試種性質。因中國北地之土壤、氣候等均不適宜種茶，其結果恐無法種植成功。後代金章宗泰和六年（1206）亦曾一度於河南種植，然不久茶樹即行枯槁，雖行補植恐亦無法成功。〔註42〕

　　根據前述文獻的記載，可知唐朝全國茶之產地已遍及五十餘州郡（如附圖二五），相當於現在的雲南、四川、貴州、廣東、廣西、福建、浙江、江蘇、安徽、江西、湖北、湖南、陝西等十三個省區，而我國現在主要的茶產區，亦早在唐代便已奠下基礎。

　　爲了通盤瞭解唐代各地所產之名茶，及其產地等情形，特繪製「唐代的名茶及其產地一覽表」，〔註43〕俾便一目瞭然（如附表）

第二節　茶之運銷與傳播

一、國　內

　　唐代的茶主要產於江、淮一帶及西南地區，由於國內各地及鄰近國家嗜茶成風，需茶甚殷，因此茶產區不斷擴大，茶之產量大增，茶貨便源源不斷地輸往國內及域外各地。唐・封演《封氏聞見記》卷六〈飲茶〉云：

　　　　自鄒、齊、滄、棣，漸至京邑，城市多開店鋪煎茶賣之，不問道俗，

　　　　投錢取飲。其茶自江、淮而來，舟車相繼，所在山積，色額甚多。

　　　〔註44〕

自隋開鑿廣通渠、通濟渠、邗溝、江南河等運河以後，使黃河與長江兩大流域聯成一氣（如附圖二六），南方所產的茶，多先集中於揚州，然後沿著運河

〔註42〕脫脫等，《金史》（台北，鼎文書局，民國74年6月發行）卷四十九，頁1108。

〔註43〕原表〈唐代の名茶とその產地一覽表〉係日・布目潮渢所繪，刊載於小野《勝年博士頌壽紀念《東方學論集》（日本京都，龍谷大學東洋史學研究會，1982年12月發行，頁283～285。其中元和郡縣圖志、通典、蠻書等書所載之茶產地，係筆者所加。

〔註44〕封演，《封氏聞見記》（台北，世界書局，民國52年4月出版）收入《晉唐劄記》六種，卷六〈飲茶〉，頁46。

北上，銷售於北方各地，〔註 45〕此溝通南北的大運河，對南北交通及物產流布，均有莫大的貢獻，進而有助於唐代茶風之推展。封演所言之鄒（今山東鄒縣）、齊（今山東歷城）、滄（今河北滄縣）、棣（今山東惠民南）、京師（陝西長安、河南洛陽）等城市，皆在大運河附近，位居水陸衝要，因來往人客眾多，爲因應需要，遂有專營賣茶之店舖產生，足見茶在當時已普遍成爲人民日常生活中不可或缺的飲料，而江、淮一帶盛產的茶，也藉著運河銷往河北、山東、陝西等北部地區。

　　國內各地所產之茶，其運銷情形以楊煜《膳夫經》一書所載最爲詳細，〔註 46〕使後人明瞭各地名茶之產銷情形。楊煜爲淮南道盧州巢縣縣令，該縣盛產茶，並以爲貢。《膳夫經》成書於宣宗大中十年（856）六月，較《唐國史補》晚三十餘年，〔註 47〕所述應較翔實。其所述的八條運銷路線（如附圖二七）如下：

（一）蜀茶（四川新安茶）南走百越，北臨五湖（指渦湖、洮湖、射湖、貴湖及太湖等五湖而言，俱爲太湖之支湖）。

（二）饒州浮梁（江西）茶，今關西、山東閭閻村落皆喫此茶，累日不食猶可，不得一日無茶也。

（三）蘄州（湖北）茶、鄂州（湖北）茶、至德（安徽）茶……自陳、蔡（河南）以北，幽（河北）、幷（山西）以南，人皆尚之。

（四）衡州衡山（湖南）團餅，自瀟湘達於五嶺皆仰給焉。其先春團茶，在湘東味道皆美，及至河北滋味悉變。雖遠自交趾（越南河內附近）之人，亦常食之。

（五）江陵、襄陽（湖北）茶，數千里之人，皆食之。

（六）建州（福建）大團，惟廣陵（揚州）、山陽（江蘇北）兩地人好尚之。

（七）福州（福建）產黃茶，及銷區嶺北（江西、湖南南部），其銷售情況與香山（山南峽州）、明月（湖北）茶不相上下。

（八）婺源（浙江、安徽一帶）方茶，自梁、宋（河南）、幽（河北）、幷

〔註45〕同註 33。

〔註46〕同註 37。

〔註47〕《唐國史補》皆載「開元至長慶（713～824）間事」，見清・永瑢、紀昀等撰，《四庫全書總目提要》（台灣商務印書館，民國 72 年 10 月發行）第三冊子部，頁 942。而《膳夫經》於宣宗「大中十年（856）十月成書」，見楊煜，前引書，頁 11。故《膳夫經》成書較《唐國史補》晚三十餘年。

（山西）間，人皆尚之，商賈所齎，數千里不絕於途。

上述八條茶之運銷路線，其範圍甚廣，北至河北、山西，東至海，南至閩越、交趾，西至四川，幾遍及全國，甚已銷至域外各地。特別值得一提的是，《膳夫經》有關茶的記載，自今罕被採用引述，尤其楊煜記載唐代各地名茶之流通情形，為研究唐代通商貿易路線的重要史料，〔註48〕頗值得吾人加以重視。

二、國　外

（一）吐蕃（今西藏）

李肇《唐國史補》中詳載唐時各地出產的名茶，其中並有銷至吐蕃的記載：

> 常魯公使西蕃（即吐蕃），烹茶帳中，贊普問曰：此為何物？魯公曰：滌煩療渴，所謂茶也。贊普曰：我此亦有，遂命出之。以指曰：此壽州者、此舒州者、此顧渚者、此蘄門者、此昌明者、此渥湖者。
> 〔註49〕

常魯公殆即常魯，今本作常魯公，乃傳寫之誤，〔註50〕其事蹟見《舊唐書》卷一九六〈吐蕃傳〉〔註51〕及《冊府元龜》卷九八〇〈外臣部通好門〉，〔註52〕均載德宗建中二年（781）十二月任入蕃使判官，共隨崔漢衡出使吐蕃事。李肇言常魯出使吐蕃，於營帳中烹茶，吐蕃贊普不解常魯所烹為何物？常魯告知為茶後，贊普隨即告訴常魯說，我這亦擁有貴國各地出產的名茶，並命左右將帳內所藏茶拿出來，贊普隨即指出這是安徽壽縣的（黃茶）、這是安徽懷的（天柱茶）、這是浙江吳興的（紫笋茶）、這是湖北蘄春的（團黃茶）、這是四川綿州的（獸目茶）、這是湖南岳州的（含膏茶）。邊疆民族，日常生活以食肉飲乳為主，需茶以消食解渴，因而西北民族普遍有飲茶的嗜好，並且能精辨茶之品質，因此所選購飲用的皆是當時中國的名茶。由此可知，唐時中國特產的名茶，已遠輸於吐蕃矣！

貞觀十五年（641），太宗許以文成公主下嫁吐蕃贊普棄宗弄讚，弄讚嘆服

〔註48〕日·布目潮渢，前引書，頁281。

〔註49〕李肇，前引書，卷下，頁66。

〔註50〕陳寅恪，《元白詩箋證稿》（台北，世界書局，民國64年3月出版）第五章〈新樂府〉，頁186。

〔註51〕劉昫等，《舊唐書》（台北，世界書局，民國74年3月發行）卷一九六〈吐蕃傳〉，頁5246。

〔註52〕王欽若等，前引書，卷九八〇〈外臣部通好門〉，頁5075。

中國服飾、禮儀之美，因而漸慕華風，並遣酋豪子弟入唐學習詩、書等，〔註53〕自是中國禮儀、文物、工藝輸入吐蕃，中國各地出產之名茶，自亦隨之傳入。

（二）回　鶻

封演《封氏聞見記》中記載唐時回鶻也沾染了中國的飲茶習俗，以其盛產的名馬，交換中國特產的茶。〔註54〕封演爲玄宗天寶十五載（756）的進士，〔註55〕德宗建中年間仍健在，因此中國之茶當在中唐詩（八世紀）輸入回鶻。塞外民族飲食以乳、肉爲主，亟需中國所產的茶以消食解熱。回鶻乃以其盛產的馬，與中國特產的茶交易，各取所需，互蒙其利。

（三）日　本

唐代文化發達，鄰國日本仰慕中國衣冠上國，自太宗貞觀四年（630）起，即不時派遣優秀人才來華研習禮儀與典章制度，當時稱爲遣唐使。外加學問僧、留學生一行多至六百餘人，他們在中國受到飲茶風氣的薰染，逐漸酷好飲茶，返國時遂不忘隨身携帶茶與茶子，因此茶在唐代即已傳入日本。

日本聖武天皇於天平元年（玄宗開元十七年，七二九）召集僧侶百人，在宮中奉誦佛經四日，事畢各賜以茶末，這些茶即是留學生（僧）自中國帶回去的。又桓武天皇延曆二十四年（順宗永貞元年，八〇五）高僧最澄由中國研究佛學返日，携回若干茶種，種植於近江滋賀縣阪本村之國臺山麓。次年，即平城天皇大同元年（憲宗元和元年，八〇六），另一僧侶弘法大師（名空海）又從中國研究佛學歸來，他對茶極爲喜好，亦携回多量茶子，分植各地，並將製茶知識傳佈國內。茶樹在日本種植成功後，嵯峨天皇弘仁六年（憲宗元和十年，八一五）乃下令於京畿（京都）附近廣爲種植，並指定專充皇室貢品。〔註56〕由上述記載，可見中國特產的茶及其栽培技術，早在唐朝即已傳入日本。

（四）韓　國

韓國飲茶及種茶的起源，據今韓人金正奎的研究，係發軔於新羅時期。

〔註53〕劉昫等，前引書，卷一九六〈吐蕃傳〉，頁 5221～5222。
〔註54〕封演，前引書，卷六〈飲茶〉，頁 47。
〔註55〕徐松，《登科記考》（台北，驚聲文物供應公司，民國 61 年 3 月印行）卷九，頁 615。
〔註56〕美·威廉烏克斯（Willam H·Ukers），《茶葉全書》（桃園，茶學文學出版社，民國 77 年 5 月出版）第一章，頁 4。

其根據高麗朝‧金富軾《三國史記》卷十〈新羅紀〉「興德王三年」條記載：

> （興德王三年）冬十二月，遣使入唐朝貢，文宗召對于麟德殿，賜
> 宴有差。入唐迴使（金）大廉持茶種子茶，王使植地理山。茶自善
> 德王時有之，至於此盛焉。〔註57〕

上文提及韓國飲茶及種茶起源的時間：（一）種茶起於三國新羅朝興德王三年
（828），即中國唐文宗太和二年。（二）飲茶起源於善德女王時代（632～646），
相當於唐太宗貞觀六年至二十一年。〔註58〕

太宗貞觀末年，唐與高麗發生戰爭，貞觀十九年（644），唐太宗親率將
士伐高麗，攻伐不克，乃班師回朝。〔註59〕由於戰爭而促進文化傳播幾成歷
史鐵則，因而在善德女王時，中國飲茶傳入韓國，當屬可能。

（五）越　南

唐代湖南的名茶，已南銷至越南，楊煜《膳夫經》云：「衡州衡山團餅……
雖遠自交趾之人，亦常食之。」〔註60〕交趾即位今越南河內附近，可見唐代
湖南一帶的團茶，已南銷至越南。又如《舊唐書》卷十九〈懿宗紀〉亦云：

> （咸通四年）七月朔，制：「安南寇陷之初，流人多寄溪洞……其安
> 南溪洞首嶺，素推誠節，雖蠻寇竊據城壁，而酋豪各守土疆。如聞
> 溪洞之間，悉藉嶺北茶藥，宜令諸道一任商人興販，不得禁止往
> 來……。」〔註61〕

安南即指交趾，〔註62〕隋置交趾郡，即今越南，唐代設安南都督府管轄之。
〔註63〕當時安南人民依賴由中國嶺北輸入之茶藥為生，雖有蠻寇（指南詔）
叛亂竊據之事發生，懿宗仍下令任商人興販通商，不得禁止往來，庶免斷絕
人民日常生活用品的供給，由此可見安南人民需茶之殷切，茶已成為日常生
活的必需品，故懿宗有此詔。

〔註57〕高麗‧金富軾撰、李丙燾譯註，《三國史記》（韓國，乙酉文化社，1983年5
月發行）卷十〈新羅紀〉，頁214。

〔註58〕韓‧金正奎，《中韓兩國飲茶禮俗之研究》（國立台灣師範大學國文研究所博
士論文，民國73年9月出版）第二章，頁57。

〔註59〕劉昫等，前引書，卷三〈太宗紀〉，頁57～58。

〔註60〕楊煜，前引書，頁7。

〔註61〕劉昫等，前引書，卷十九〈懿宗紀〉，頁654。

〔註62〕方豪，《中西交通史》（台北，中華大典編印會，民國55年3月出版）第二冊
第五章，頁39。

〔註63〕劉昫等，前引書，卷四一〈地理志〉，頁1749。

（六）其　他

自唐建國，北方突厥即爲中國之心腹大患，與唐交戰頻繁，然間接地促進了文化的交流，其中當還包括輸入塞外民族所殷望之茶在內。其他又如西南蠻等中國南方的邊疆民族，與唐交往密切，時貢方物，並購回其所需的物品，茶因而傳入南方南蠻、西南蠻等邊疆民族。

唐代爲世界性的文化大國，與外國來往頻繁，異國人民客居中國者眾，且大都從商，他們將中國所產之絹、帛、茶等藉著絲路及海上交通輸往大食（今阿拉伯）、波斯（今伊朗）、大秦（今羅馬）等國；尤其海道交通，唐特於玄宗開元二年（714）設置「市舶使」，〔註64〕以管理外商貿易之事，南海之對外交通趨於極盛，各國商人穿梭其間，「弘舸巨艦，千舳萬艘，交貿往還，昧旦永日。」〔註65〕可見唐之國際貿易盛況空前，更由於日本、高麗之交通航線南移，逐漸與印度洋、南海之貿易銜接，於是以中國爲中心的世界海上貿易圈終於形成，〔註66〕而中國的文化因之傳播四方。

尤其，東南亞國家如印尼、獅子國（今斯里蘭卡）、室利佛逝（今印尼蘇門答臘）及訶陵（今印尼爪哇）等國，在唐初即曾派遣使者來華，並獲得若干茶的知識；而驃國（今緬甸）在唐末曾經過南詔，與唐有所往來，在這時期並已傳入茶。〔註67〕

第三節　茶之交易方式

一、國內──錢帛兼行

有唐近三百年（618～907）中，貨物之交易方式，始終採用錢帛並行制，一般人仍視絹帛爲貨幣使用。中唐以後，由於貿易發達，銅幣使用方便，因此銅幣之需要日增，終造成嚴重之錢荒現象，政府乃屢頒「錢貨兼用」之制敕，清·董誥等奉敕撰《全唐文》載玄宗開元九年（721）「令錢貨兼用制」云：

> 綾、羅、絹、布、雜貨等，交易皆合通用，如聞市肆必須見（現）

〔註64〕劉昫等，前引書，卷八〈玄宗紀〉，頁174。
〔註65〕劉昫等，前引書，卷九四〈崔融傳〉，頁2998。
〔註66〕李東華，《泉州與我國中古的上交通》（台灣學生書局，民國75年1月出版）第一章，頁30。
〔註67〕史念書，《茶業的起源和傳播》（收入中國農史，第二期，1982年出版）頁105。

錢，深非道理。自今已後，與錢貨兼用，違法者，準法罪之。〔註68〕
大體而言，錢帛兼行是與唐朝相始終的，因而儘管唐代後期有許多變化（指
使用銅幣佔優勢），但整個唐代仍屬於錢帛兼行時期。〔註69〕因此，唐代茶貨
之交易，以金、銀交易者有之，以絲、銅、絹、帛、錦鏽交易者亦有之。唐・
杜牧《上李太尉論江賊書》云：

> 蓋以茶熟之際，四遠商人，皆將錦鏽繒纈、金釵銀釧，入山交易。
> 〔註70〕

杜牧（803～852）所處為晚唐時期，他敘述穆宗長慶年間（821～824），四方
茶商攜帶金、銀、絹、錦鏽等入山交易的盛況。張途〈祁門縣新修閶門溪記〉
亦云：

> （祁門縣）邑之編籍……業於茶者七八矣！由是給衣食、供賦役悉
> 恃此祁之茗。色黃而香，買客咸議，愈於諸方，每歲二、三月齎銀
> 繒、緕素求市，將貨他郡者，摩肩接迹而至。〔註71〕

懿宗咸通三年（826）張途為歙州司馬，敘述唐末各地茶商攜帶銀、絲、絹至
祁門販易茶之情形。由上二例可知，唐末茶貨交易，仍採「錢貨兼用」制。

至於各地區錢幣之使用有別，嶺北大都使用銅錢，嶺南則以使用金、銀居
多。〔註72〕中唐以後，錢幣之使用日廣，錢幣之需求量日增，因而造成嚴重之
錢荒現象，政府為挽救日益嚴重之錢荒，故採禁錢出境之策，但當時全國需茶
甚殷，尤以北部不產茶的地區為然，為因應禁錢出境之策，遂於憲宗元和五年
（810）產生了所謂「飛錢」之法。〔註73〕《新唐書》卷五四〈食貨志〉云：

> 貞元初，駱谷、散關禁行人以一錢出者。諸道鹽鐵使張滂奏禁江淮
> 鑄銅為器……憲宗以錢少復禁用銅器。時商賈至京師，委錢諸道進
> 奏院及諸軍、諸使富家，以輕裝趨四方，合券乃取之，號「飛錢」。

〔註68〕董誥等，《欽定全唐文》（台灣大通書局，民國68年7月出版）卷三十五，頁
　　　　346。
〔註69〕李埏，〈略論唐代的錢帛兼行〉（《歷史研究》第一期，1964年出版）頁188。
〔註70〕杜牧，《上李太尉論江賊書》（台北，漢京文化事業有限公司，民國72年11
　　　　月出版）收入《樊川文集》，卷十一，頁168。
〔註71〕董誥等，前引書，卷802，頁10629。
〔註72〕李劍農，《魏晉南北朝隋唐經濟史稿》（台北，華世出版社，民國70年12月
　　　　發行）第十章，頁32。
〔註73〕唐代始創「飛錢」之法，應繫年於憲宗元和五年（810），見王欽若等，前引
　　　　書，卷五○一〈邦計部錢幣門〉，頁2644。

京兆尹裴武請禁與商賈飛錢者，叟（搜）索諸坊，十人爲保。〔註74〕
唐代這種「飛錢」法，即今「匯兌」之濫觴。當時銅錢既不許出境，而商賈欲
爲貿易活動，除用「飛錢」之匯兌法或走私外，別無他途。惟「飛錢」之法行，
其初實爲巨商與軍閥、官僚間彼此謀利益之工具，所謂「諸道進奏院」，若以今
名易之，即諸道文武官僚之駐京辦事處或通訊處。「諸軍諸使富家」，即指諸藩
鎮之文武官僚及私家富人，〔註75〕裴武視此種便換方法，實爲諸道文武官僚、
私家富人斂積現錢，導致錢荒原因之一，故請一切禁斷，然錢荒如故。政府爲
紓解錢荒及商賈斂財之弊，旋於憲宗元和六年（811）二月頒制令云：

> 公私交易，十貫錢已上，即須兼用匹段。委度支鹽鐵使及京兆尹
> 即具作分數，條流聞奏。茶商等公私便換見（現）錢，並須禁斷。

〔註76〕

憲宗下詔規定公私交易，在十貫錢（即一萬文）以上者，即須兼用絹帛。茶
商等公私貿易，禁止以現錢作買賣，亦即必須「錢貨兼用」，以紓解錢荒之
現象。並從次年（元和七年）五月起改由政府獨占經營便換之法。《舊唐書》
卷四十八〈食貨志〉載憲宗元和七年（812）五月，戶部王紹、度支盧坦、
鹽鐵王播等奏稱：

> 「伏以京都時用多重見（現）錢，官中支計，近日殊少。蓋緣比來
> 不許商人便換，因茲家有滯藏，所以物價轉高，錢多不出。臣等今
> 商量，伏請許令商人於三司任便換見（現）錢，一切依舊禁約。伏
> 以比來諸司諸使等，或有便商人，錢多留城中，遂時收貯，積藏私
> 室，無復通流。伏請自今已後，嚴加禁約。」從之。〔註77〕

此即收匯兌之權於戶部、度支、鹽鐵等三司，而不許商民私相便換，然初行
由三司便換之法時，須繳百分之十匯費，致無人情願便換，同年（即憲宗元
和七年）七月三司使乃奏請免徵匯費，從之。〔註78〕這種公營匯兌，至此正
式成立，直至唐末仍相沿不替。

　　由上所述，可知唐代國內茶貨之交易，是採用錢帛兼行制，自憲宗元和
五年（810）以後，更採用「飛錢」法買賣茶貨，交易更形便捷。

〔註74〕歐陽修、宋祁，前引書，卷五四〈食貨志〉，頁1388～1389。
〔註75〕李劍農，前引書，第十章，頁254。
〔註76〕劉昫等，前引書，卷四十八〈食貨志〉，頁2102。
〔註77〕劉昫等，前引書，卷四十八〈食貨志〉，頁2103。
〔註78〕同註73。

二、國外——博馬、以物易物

（一）茶馬互市

塞外民族以畜牧爲主，日常飲食以牛羊肉、乳酪爲主，食肉飲乳易積熱，且不易消化，而飲茶有消食去膩等作用。因此，飲茶傳到西北後，迅速傳遍民間，成爲人民日常生活的必需品。因其境內不產茶，他們乃將其盛產的馬交換中國的茶。封演《封氏聞見記》卷六〈飲茶〉載：

> （飲茶）始自中地，流於塞外。往年回鶻入朝，大驅名馬市茶而歸，
> 亦足怪焉。〔註79〕

封演，爲玄宗天寶年間的太學生，〔註80〕在其生長的肅、代二朝，唐皆採聯回（紇）抗吐（蕃）政策，一方面由於中國內地不產馬，而回紇盛產名馬，唐亟需馬以禦外侮；另一方面唐爲示羈縻懷柔，乃以大量的帛和茶換回並非都是健壯而有戰鬥力的回紇馬，而回紇正需要大量的茶，各取所需，互蒙其利，這是以馬博茶的一種交易方式。其他如突厥、吐蕃等外族，當亦採此法交易。這種博馬方式，後代仍繼續沿用，宋以後更設「茶馬司」以專其政，較唐更爲重視。

（二）其他方式

中國南方邊族與海外國家，由於貨幣不通，乃以其國之皮革、香料、象牙及珠寶……等特產，出售或換取中國的茶，這種以物易物的交易方式是可以理解的。

附表：唐代的名茶及其產地一覽表

道名	州名	茶經（上、下別）		唐國史補	膳夫經	元和郡縣圖志（貢茶）	通典（貢茶）	蠻書	新唐書地理志土貢茶
山南	荊	（次）	江陵	江陵南木	江陵南木香茶	碧澗茶芽			
	峽	（上）	遠安宜都夷陵	碧澗明月芳蕤茱萸簝	碧澗明月茱萸簝峽中香山小江源	○	夷陵貢茶		○

〔註79〕同註54。
〔註80〕封演，前引書，卷二〈石經〉，頁10。

道	州	品	縣					
	歸				白茶			○
	夔							○
	襄	（次）	南漳					
	金	（又下）	西城　安康			○	安康貢茶芽	○
	梁	（又下）	褒城　金牛					○
淮南	壽	（下）	盛唐　霍山	霍山之黃芽（壽州者）	霍山小團	○		○
	廬							○
	舒	（次）	太湖	（舒州者）	天柱茶	開火茶		
	光	（上）	光山					
	蘄	（又下）	黃梅	蘄門團黃（蘄門者）	蘄州茶　蘄水團黃			○
	黃	（又下）	麻城					
	申	（次）	義陽　鍾山					○
	和					○		
江南	潤	（又下）	江寧					
	常	（次）	義興	義興之紫筍	宜興茶			○
	蘇	（又下）	長洲					
	湖	（上）	長城　安吉　武康	顧渚之紫筍（顧渚者）	顧渚湖南紫筍		顧山紫筍茶	○
	杭	（下）	臨安　於潛　錢塘					
	睦	（下）	桐廬	鳩坑	鳩坑			
	越	（上）	徐姚					○
	明	（次）	鄮					
	婺	（次）	東陽	東白	婺州茶			
	台	（下）	始豐					
	福	（未詳）	閩	方山之露牙	黃茶			○
	建	（未詳）			建州大國			
	泉	（未詳）						
	宣	（下）	宣城　太平		鶴山茶			

	歙	（下）	婺源 祁門		歙州 祁門 婺源				
	池		至德		至德茶				
	洪			西山之白露					
	鄂	（未詳）			鄂州茶 鄂州團黃				
	岳			湄湖山之含膏（湄湖者）	湄湖茶				
	饒		浮梁	浮梁	浮梁茶	浮梁茶 ○	浮梁茶		○
	吉	（未詳）							
	袁	（未詳）							
	潭				潭州茶 陽團茶 渠江薄片				
	衡	（下）	衡山 茶陵	湖南衡山	衡山				
	施				施州方茶				
	夷	（未詳）							
	播	（未詳）							
	思	（未詳）							
	費	（未詳）							
	溪							靈溪貢 茶芽	○
劍南	彭	（上）	九隴						
	蜀	（次）	青城						
	漢	（又下）	綿竹						
	眉	（又下）	丹稜						
	卬	（次）							
	雅	（下）	百丈 名山	蒙頂石花 小方散芽	蒙頂 鷹嘴牙 白茶供堂 新安茶		蒙山貢茶		○
	綿	（次）	龍安 西昌 昌明 神泉	東川神泉小團 昌明獸目 （昌明著）	東川昌明茶				
	瀘	（下）	瀘州						

	姚					雲南 銀生 城	
河北	懷						○
嶺南	韶	（未詳）					
	象	（未詳）					

第五章　茶稅及其與藩鎮之關係

第一節　茶稅徵收

一、背　景

　　稅賦之徵收，其目的皆欲蔚爲國用，以濟時需。唐亦不例外，除徵收正稅外，另還徵收雜稅。唐自安史亂後，藩鎮割據，兵戎相尋，國庫空虛，正稅入不敷出，在朝計相大臣，爲邀皇上寵幸，塡其無窮之欲，乃不惜課徵雜稅，以補國用，茶稅即是其中之一。

　　中唐以後，飲茶風氣盛行，全國飲茶人口倍增，「茶爲食物，無異米鹽」，〔註1〕此時茶已成爲人民「難捨斯須」的日常生活用品，上至王公貴族，下至田閭村夫，同此嗜好。因全國飲茶人口眾多，故江淮一帶，茶園遍佈，境內畸角山麓，高下無遺土，無不種茶，人民亦多以種茶爲業。此時因人民對茶需求量大，故種茶面積相對地擴大，茶之產量大增。安史亂後，因內亂外患頻仍，國勢愈弱，用度不足，必須另闢財源，以益國用。茶稅自是不可偏廢的大宗財源之一，因此趙贊首於德宗建中三年（782）提議稅茶。政府從中課稅，人民雖所付不多，然以全國產茶區計算，稅入即甚驚人。即以江南道饒州浮梁縣爲例，年徵稅額即高達十五餘萬貫，〔註2〕反觀文宗開成元年（836）以後，全國州縣

〔註1〕 劉昫等，《舊唐書》（台北，鼎文書局，民國74年3月出版）卷一七三〈李珏傳〉，頁4503～4504。

〔註2〕 李吉甫，《元和郡縣圖志》（日本京都，中文出版社，1979年4月發行）卷二

其山澤之利不過七萬餘緡（即貫），不能當一縣之茶稅。〔註3〕相較之下，茶稅收入不可謂不多，成為中晚唐政府重要之經濟來源之一。

趙贊首於德宗建中三年（782）九月上言：「竹、木、茶、漆，皆十一稅之」，此為史書上正式記載有「茶」稅之始，其稅率為十分之一，徵稅之目的乃在「置倉儲粟，以充常平本」，然因當時「國用稍廣，常賦不足」，所得之稅，盡淪為貼補國用，「終不能為常平本」。《舊唐書》卷四九〈食貨志〉記其事云：

> （建中）三年九月，戶部侍郎趙贊上言：「伏以舊制，置倉儲粟，名曰常平。軍興以來，此事闕廢，或因凶荒流散，餓死相食者，不可勝紀。古者平準之法，使萬室之邑，必有萬鍾之藏，千室之邑，必有千鍾之藏……當軍興之時，與承平或異，事須兼儲布帛，以備時須。臣今商量，請於兩都幷江陵、成都、揚、汴、蘇、洪等州府，各置常平，經重本錢，上至百萬貫，下至數十萬貫，隨其所宜，量定多少。唯貯斛斗、疋段、絲麻等，候物貴則下價出賣，物賤則加價收糴，權其輕重，以利疲人。」從之，贊於是條奏諸道津要都會之所，皆置吏，閱商人財貨，計錢每貫稅二十，天下所出竹、木、茶、漆，皆十一稅之，以充常本。時國用稍廣，常賦不足，所稅亦隨時而盡，終不能為常平本。〔註4〕

上文乃係趙贊置常平倉之議。由此可知，建中三年（782）所徵收之茶稅，係為了「充常平本」而購買「斛斗、疋段、絲麻等」，候物貴則賣，賤則買，以為供需調節，安定民生之用。然因當時國內藩鎮聚兵鄰亂，國外吐番、回紇為患，因此國用稍廣，軍需迫蹙，財政困難，故所得之稅「隨時而盡」，無法作為「常平本」。

另一原因當時「常賦不足」，故所得之稅，無法作為常平之本。因自安史亂後，民戶大量逃亡，土地荒廢，其流移逃稅者，多隱庇於寄莊戶或寄住戶之名下，以規避稅賦；又自中唐以後，藩鎮割據，戰亂頻仍，戶口銳減，稅收減少。德宗建中初年戶口數簡直無法與玄宗開、天全盛日相比，直有天壤

　　十八，頁375。

〔註3〕歐陽修、宋祁，《新唐書》（台北，鼎文書局，民國74年2月發行）卷五四〈食貨志〉，頁1383。

〔註4〕劉昫等，前引書，卷四九〈食貨志〉，頁2125。

之別。杜佑《通典》卷七〈食貨典〉歷代盛衰戶口條云：

> （天寶）十四載，管戶總八百九十一萬四千七百九……應課戶五
> 百三十四萬九千二百八十……此國家之極盛也。……建中初，命
> 黜陟使往諸道按比戶口，約都得土戶百八十餘萬，客戶百三十餘
> 萬。〔註5〕

德宗建中元年（780），楊炎倡行「兩稅法」，徵稅以「戶無主客，以見居為簿」
〔註6〕之原則，故建中初應課戶（土戶及客戶之總和）應為三百一十餘萬戶，
較天寶十四載（755）減少約二百二十餘萬戶，緣於課戶銳減之結果，其所課之
稅賦當亦減少，故自必造成財政上之短絀。在此「常賦不足」之情況下，所稅
之「竹、木、茶、漆」自必移為國用，且「隨時而盡」，故「終不能為常平本」。

　　憲宗元和十三年（818），鹽鐵使程异奏請停徵茶稅，亦言此乃「非常制」
的權宜措施。《舊唐書》卷四八〈食貨志〉載其事云：

> （元和）十三年，鹽鐵使程异奏：「應諸州府先請置茶鹽店收稅。伏
> 準今年正月一日赦文，其諸州府因用兵已來，或慮有權置職名，及
> 擅加科配，事非常制，一切禁斷者。伏以榷稅茶鹽，本資財賦，贍
> 濟軍鎮，蓋是從權。昨兵罷，自合便停，事久實為重斂。其諸道先
> 所置店及收諸色錢物等，雖非擅加，且異常制，伏諸準赦文勒停。」
> 從之。〔註7〕

「昨兵罷」是指前一年（元和十二年）十月擒淮西節度使吳元濟，收復淮西
而言。〔註8〕憲宗前期，強藩跋扈（如平劉闢、李錡、王承宗之亂），時時用
兵，故國用不足，乃准州府置店收稅，然此乃權宜之計，用於國家財政困乏
之時，「以資財賦，贍濟軍鎮」，但亂平罷兵後，應即停徵。由此可知，中晚
唐茶稅之徵收，實因唐政府財政困窘，始於正稅外，復徵雜稅，俾益國用，
這也說明唐代茶稅的徵收，始終是與時代環境息息相關的。

　　穆宗長慶元年（821），鹽鐵使王播增茶稅，李珏上疏反對，《舊唐書》卷
一七三〈李珏傳〉載其事云：

> 權率救弊，起自干戈，天下無事，即宜蠲省。況稅茶之事，尤出近

〔註5〕杜佑，《通典》（台灣商務印書館，民國76年12月發行）卷七〈食貨典〉，頁
　　　41。

〔註6〕劉昫等，前引書，卷一一八〈楊炎傳〉，頁3421。

〔註7〕劉昫等，前引書，卷四八，〈食貨志〉頁2108。

〔註8〕劉昫等，前引書，卷十五〈憲宗紀〉，頁461。

年，在貞元元年中，不得不爾。今四海鏡清，八方砥平，厚斂於人，

殊傷國體，其不可一也。〔註9〕

由上所述，可知李珏亦認爲徵茶稅有其不得已的苦衷，只在國家多事，財政困疲之際，勉可行之。例如：德宗貞元元年（785）有李希烈、李懷光等亂事及旱蝗爲災，〔註10〕爲補國用，乃行稅茶，迨天下無事，應即罷省。然因當時宮中造百尺樓，國計不充，王播增稅圖邀恩寵，以奉帝嗜慾，故雖李珏上疏，穆宗終不採用，徵稅如故。〔註11〕

晚唐各地藩鎮輒擅自徵茶商通過稅，鹽鐵轉運使裴休認爲「頗乖法理」，乃於宣宗大中六年（852）正月奏請「釐革橫稅」，敕旨依奏。惟當時淮南及天平軍節使幷浙西觀察使，皆以「軍用困竭」爲名，奏求君主依舊稅茶，終不允。〔註12〕由此可見，唐末藩鎮驕縱專橫，割據一方，擅自稅茶除因「軍用困竭」外，藩鎮重斂貪慾亦是事實。

由此可知，中晚唐政府之稅茶，是與時代環境有密切之關係，在治亂相尋之情況下，稅茶亦隨之廢徵不已。大體而言，當國內常賦不足，國用稍廣，軍需迫蹙，及爲贍濟軍鎮等等之背景下，希冀圖寵之臣必起而榷率增稅，以彌補國用。

二、性　質

唐政府除徵收正稅以外，尙徵收鹽稅、酒稅、茶稅和鐵冶等雜稅。茶稅即屬雜稅之一，其於德宗朝始獨立徵收，殆無疑義。

唐代茶稅的性質，歷來爭議最多，諸家所言各有所偏，而未見茶稅性質的全貌。陶希聖、鞠清遠認爲最早期之茶稅係屬於商稅，後期則是一種通過稅或近於一種產地稅；〔註13〕吳兆莘認爲茶稅爲通過稅；〔註14〕王坤一認爲是營業稅；〔註15〕周伯棣則以消費稅稱之，〔註16〕名目繁多，不一而足。

〔註 9〕劉昫等，前引書，卷一七三〈李珏傳〉，頁 4503。

〔註10〕劉昫等，前引書，卷十二〈德宗紀〉，頁 348～350。

〔註11〕劉昫等，前引書，卷一七三〈李珏傳〉，頁 4504。

〔註12〕劉昫等，前引書，卷四九〈食貨志〉，頁 2130。

〔註13〕陶希聖、鞠清遠，《唐代經濟史》（台灣商務印書館，民國 68 年 12 月發行）第七章，頁 172。

〔註14〕吳兆莘，《中國稅制史》（台灣商務印書館，民國 71 年 11 月發行）頁 71。

〔註15〕王坤一，《中國營業稅史》（台灣商務印書館，民國 60 年 4 月發行）頁 9。

〔註16〕周伯棣，《中國財政史》（上海人民出版社，1981 年出版）頁 216。

　　唐代早期無「茶」稅之名，且未獨立徵收茶稅，要之僅併徵於其他貨物中之「商稅」而已，故唐代早期茶係徵收商稅，大致是無誤的。陶希聖、鞠清遠二氏在其合著的《唐代經濟史》中云：

> 在商稅中，本來已有稅茶的規定。不過，在商稅中茶只是一種貨物，
> 在獨立的茶稅法中，茶成了一種專賣的商品……。茶在產地納稅後，
> 在各地仍然需納通過稅，所以茶稅，近於一種產地稅。〔註17〕

由此可見，陶、鞠二氏言早期之茶稅，係包含於商稅之中，他並舉《通典》之記載，說明安史亂後，各道節度使即自行稅商賈，計錢至一千（文）以上，即徵收之。杜佑《通典》卷十一〈食貨典〉雜稅條云：

> （天寶末年）諸道節度使、觀察使多率稅商賈，以充軍資雜用，或
> 於津濟要路及市肆間交易之處，計錢至一千以上，皆以分數稅之。
>
> 〔註18〕

這說明玄宗天寶末年，茶稅係併於商稅中徵收，因茶亦是貨物之一，故未明立「茶」稅之名。

　　《舊唐書》卷四八〈食貨志〉記載德宗建中元年（780）楊炎倡行之「兩稅法」云：「行商者，在郡縣稅三十之一」。〔註19〕由此可見，在兩稅制中，商販須納商貨總值三十分之一的商稅，茶係商貨之一，故須併繳於商稅中，是勿庸置疑的。由上所述，很明顯地唐代早期茶係併於商貨中徵收商稅。

　　迨至德宗建中三年（782）九月，戶部侍郎趙贊為置常平本，始首次正式立稅「茶」之法。《舊唐書》卷四九〈食貨志〉云：

> 贊於是條奏諸道津要、都會之所，皆置吏，閱商人財貨，計錢每貫
> 稅二十，天下所出竹、木、茶、漆，皆十一之，以充常平本。〔註20〕

由此可見，趙贊首次正式提出稅「茶」之法，改變前代併繳於商稅中之法，規定茶產地先繳十分之一的產地稅，其後商人販運交易尚須繳五十分之一的通過稅，此乃重複課稅。當時因國用增加，常賦不足，所稅雖以常平為名，實未用作常平之本，而竟移為他用。

　　移常平本後，並未解決財政困窘，德宗建中四年（783）六月，戶部侍郎

〔註17〕同註13。
〔註18〕杜佑，前引書，卷十一〈食貨典〉，頁63。
〔註19〕劉昫等，前引書，卷四八〈食貨志〉，頁2093。
〔註20〕同註4。

趙贊乃重提常平稅茶之法。又以軍需迫蹙，常平稅不時集，故另請「稅屋間架、算除陌錢」，〔註21〕終導至民怨沸騰，造成涇原兵變，德宗出走奉天，不得已下詔罪己，乃於興元元年（784）正月停罷竹、木、茶、漆等稅及間架、除陌等錢。〔註22〕所以，唐代第一次稅茶時間，僅一年餘。

德宗貞元八年（792），國內發生水災，減徵兩稅，國用又窮，諸道鹽鐵使張滂乃於次年（貞元九年，793）正月，奏請於出茶州縣，及茶山外商人要路，定三等時估為價，徵稅十分之一，自此每歲得錢四十萬貫。〔註23〕由此可知，本年的稅茶性質，與建中三年趙贊的茶稅性質是一樣的。

憲宗元和十三年（818），鹽鐵使程异見諸州府及諸道擅加科稅，乃奏請諸州府、諸道停止置茶、鹽店收稅，〔註24〕顯見唐除中央政府徵收茶稅外，地方及藩鎮亦擅行加徵。茶稅之重，於此可知。

穆宗長慶元年（821），因宮中造百尺樓，國計不充，鹽鐵使王播乃增茶稅，初稅一百，增稅五十，〔註25〕即由十分之一增至十分之一點五，亦即加稅百分之五十，不可謂不重。至於增收何種稅，則不得而知。

文宗大和九年（835）十月，榷茶使王涯改變稅茶法，實施官營專賣的榷茶法，「令百姓移茶樹就官場中栽，摘茶葉於官場中造」，〔註26〕並焚棄舊貯積之茶葉，強毀民產，結怨於民，故天下怨恨，後涯以事誅，故此一榷茶法，實行僅月餘便停罷。王涯所謂「榷」，蓋指官營專賣之意，以別於趙贊以來之稅茶法，故《舊唐書》卷十七〈文宗紀〉云：「茶之有榷稅，自涯始也」，〔註27〕固其宜也。同年（大和九年，835）十二月，諸道鹽鐵轉運榷茶使令狐楚奏榷茶不便於民，請停，從之。〔註28〕並奏請由州縣收管茶租，而後解繳戶部，此政便民，人人悅焉。〔註29〕

武宗即位，鹽鐵轉運使崔珙又增江淮茶稅。是時茶商通過州縣必有重稅，或掠奪其運茶舟車，使茶露積雨中，日有損壞，諸道又擅自置邸以收稅，謂

〔註21〕劉昫等，前引書，卷四九〈食貨志〉，頁2127。
〔註22〕劉昫等，前引書，卷十二〈德宗紀〉，頁339～340。
〔註23〕劉昫等，前引書，卷四九〈食貨志〉，頁2128。
〔註24〕同註7。
〔註25〕同註9。
〔註26〕劉昫等，前引書，卷四九〈食貨志〉，頁2129。
〔註27〕劉昫等，前引書，卷十七〈文宗紀〉，頁561。
〔註28〕劉昫等，前引書，卷十七〈文宗紀〉，頁563。
〔註29〕劉昫等，前引書，卷四九〈食貨志〉，頁2121。

之「搨地錢」（即通過稅，一說住宿稅）茶稅即重，故私販盛行，〔註30〕稅收反而減少。

　　至宣宗大中六年（852）正月，鹽鐵轉運使裴休見諸道節度、觀察使擅自置店聚集茶商，稽徵茶稅，按斤徵收搨地錢，並稅經過商人，漠視中央法令，乃奏請釐革橫稅，禁藩鎮擅稅茶商及商賈，而由中央於出茶山口，及廬、壽、淮南界內置吏徵收通過稅，並給陳首帖子（即納稅證明書），使其通行無礙及免重稅。〔註31〕同年（大中六年，852）五月，裴休又立稅茶法十二條，陳奏行之。〔註32〕裴休所立之稅茶法十二條，根據《新唐書》之記載，輯錄出其中九條如下：

（一）私鬻茶，三犯皆三百斤，乃論死。
（二）長行群旅，茶雖少皆死。
（三）雇載茶，三犯至五百斤，居舍儈保四犯至千斤者，皆死。
（四）園戶私鬻茶百斤以上，杖背，三犯，加重徭。
（五）伐茶園失業者，刺史、縣令以縱私鹽論。
（六）廬、壽、淮南茶，皆加半稅。
（七）私商給自首之帖。
（八）江淮茶爲大摸，一斤至五十兩，不另收剩茶錢。〔註33〕
（九）許藩鎮設邸閣居茶取值，毋擅稅商人。〔註34〕

自裴休立稅茶法後，私販稍戢，天下茶稅收入，因之倍增。由於裴休所立之稅茶法，條理精詳，自此以迄朱溫篡唐，未聞有任何變革。

　　由上所述唐代稅茶之經過，可知唐代初稅茶時，是併於商稅中徵收，至德宗建中三年（782），始依趙贊之議，先行徵收茶戶之產地稅，其後復幷徵販易商人貨物通過稅，其稅率各朝不一。此種稅茶法，歷經憲宗、穆宗朝仍續採行。至文宗時，始依王涯之議，改行官營專賣之榷茶法，惹至民怨，致採行未久即罷。文宗開成後乃復貞元舊制稅茶。至宣宗朝，裴休奏立稅茶法，

〔註30〕歐陽修、宋祁，前引書，卷五四〈食貨志〉，頁1382。搨地錢，一說係在茶商住宿之地，加徵住宿稅。見張澤咸，唐五代賦役史草（北京，中華書局，1986年10月出版）頁205。
〔註31〕同註12。
〔註32〕劉昫等，前引書，卷四九〈食貨志〉，頁2122。
〔註33〕以上八條裴休所立稅茶法，見歐陽修、宋祁、前引書，卷五四〈食貨志〉，頁1382～1383。
〔註34〕歐陽修、宋祁，卷一八二〈裴休傳〉，頁5372。

置吏徵收通過稅，嚴禁私販，茶稅收入因之大增，由於此法精詳，迄於唐末行之不替。

三、始　年

　　唐代稅茶始於何年？由於史料本身諸多歧異與矛盾，歷來學者皆提出其個人的不同看法，眾說紛紛，莫衷一是。其爭論的關鍵在於研究者未能確切掌握茶稅的性質；其屬商稅，或營業稅（即交易稅）？抑屬獨立的通過稅（即貨物稅）？這些問題倘未能辨析以前，是無法對稅茶始年提出正確而合理的解決的。

　　首先指出，茶飲在唐代極為盛行，茶亦作為貨物交易。因此，茶在唐代早就併於其他貨物中徵收商稅，惟其確切徵收年代，史未明言，無從得知。然吾人從下列三條史料之記載，可知茶在德宗建中三年（782）以前，即與其他貨物合併徵收商稅，或已獨立徵收茶稅了。

　　（一）《元和郡縣圖志》卷二十八載「江南道饒州浮梁縣」云：

　　　　浮梁縣……天寶元年（新昌）改名浮梁，每歲出茶七百萬馱，稅十
　　　　五餘萬貫。〔註35〕

由此可見，茶遲至玄宗天寶元年（742），已徵收茶稅了，至於徵收方式，則因《元和郡縣圖志》未詳細記載，無從得知。

　　（二）《舊唐書》卷一一〈楊炎傳〉載其兩稅法云：

　　　　（建中元年正月，始用楊炎兩稅法）凡百役之費，一錢之斂，先度
　　　　其數而賦於人，量出以制入。戶無主客，以見居為簿；人無丁中，
　　　　以貧富為差。不居處而行商者，在所郡縣稅三十之一……。〔註36〕

上文明載兩稅法中，「不居處而行商者，在所郡縣稅三十之一」，可見茶最遲於德宗建中元年（780）正月，即與其他貨物併徵商稅了，稅率為貨物總值的三十分之一。

　　（三）《舊唐書》卷四九〈食貨志〉載德宗建中四年（783）六月，戶部侍郎趙贊請稅「算除陌錢」云：

　　　　除陌法：天下公私給與貨易，率一貫舊算二十，益加算為五十。給
　　　　與他物或兩換著，約錢為率算之。市牙各給印紙，人有買賣，隨自

────────────

〔註35〕同註2。
〔註36〕同註6。

署記，翌日合算之。有自貿易不用市牙者，驗其私簿，無私簿者，

投狀自集。〔註37〕

上文「除陌法」即說明唐代徵收商稅的方法及其稅率，德宗建中四年（783）六月以前，稅率爲千分之二十。此後，趙贊建議增爲千分之五十。由「天下公私給與貿易，率一貫舊算二十」，即知茶在唐代早已徵收商稅，因茶亦是貨物之一，與其他貨物合併徵稅。

　　由上述三條例證，吾人可知初唐以後所徵收之商稅，已然包括茶稅在內，故從徵收商稅之觀點言，唐代早已課徵茶稅，惟並未立「茶」之名目獨立徵收，係併於其他貨物中徵收。

　　其次，就唐代正式立有「茶」之名目，獨立課徵「茶」稅而言，是創於德宗朝，但究竟始於何年，歷來說法不一，究其原因，主要是史料記載互相牴牾、矛盾之故。綜合各家之說，有（一）建中元年說；（二）建中三年說；（三）建中四年說；（四）貞元九年說等四種說法。茲分述如下：

　　（一）建中元年說

　　以徐方幹、傅舉有、賈大泉〔註38〕等三位學者爲代表。其根據的史料有《唐會要》「雜稅」條、《文獻通考》〈徵榷考〉《榷茶》條及《續通典》〈食貨典〉「榷茶」條等記載。《唐會要》「雜稅」條云：

　　　　建中元年九月，戶部侍郎趙贊請置常平輕重本錢，從之。贊於是條

　　　　奏諸道津要、都會之所，皆置吏閱商人財貨，計錢每貫稅二十文。

　　　　天下所出竹、木、茶、漆，皆什一稅之，充常平本錢。〔註39〕

由此可見，戶部侍郎趙贊是於德宗建中元年（780），提出課徵商人通過稅及茶戶產地稅的辦法，惟根據《舊唐書》卷十二〈德宗紀〉云：「（建中元年三月）」癸巳，以諫議大夫韓洄爲戶部侍郎、判度支」，〔註40〕同書建中二年（781）十一月又載：「乙亥，貶戶部侍郎、判度支韓洄蜀州刺史。」〔註41〕由此可知，

〔註37〕劉昫等，前引書，卷四九〈食貨志〉，頁 2127～2128。

〔註38〕徐方幹，〈歷代茶葉專賣史略〉（《中農月刊》，1942 年出版）第三卷第一期。

　　　傅舉有，〈唐代鹽和茶的專賣〉（《史學月刊》，1960 年出版）第三期。

　　　賈大泉，〈宋代四川地區的茶業和茶政〉（《歷史研究》，1980 年出版）第四期，頁 117。

〔註39〕王溥，《唐會要》（台北，世界書局，民國 71 年 12 月出版）卷八四，頁 1545。

〔註40〕劉昫等，前引書，卷十二，頁 325。

〔註41〕劉昫等，前引書，卷十二，頁 331。

德宗建中元年（780）九月時的戶部侍郎、判度支是韓洄，而不是趙贊。趙贊原任中書舍人，至建中三年（782）五月乙巳始任戶部侍郎、判度支，〔註42〕故趙贊決不可能於建中元年九月，以戶部侍郎、判度支官銜向德宗提議稅茶，故《唐會要》、《文獻通考》及《續通典》所載有誤，建中元年之說因之不能成立。

（二）建中三年說

前言趙贊於德宗建中三年（782）五月乙巳任戶部侍郎、判度支，續於同年（建中三年）九月丁亥提議稅茶，《舊唐書》卷十二〈德宗紀〉云：

> （建中三年）九月丁亥……判度支趙贊上言，請爲兩都、江陵、成都、揚、汴、蘇、洪等州，署常平輕重本錢，上至百萬貫，下至十萬貫，收貯斛斗、匹段、絲、麻，候貴則下價出賣，賤則加估收糴，權輕重以利民，從之。贊乃於諸道津要置吏稅商貨，每貫稅二十文，竹、木、茶、漆皆什一稅之（誤植一），以充常平之本。〔註43〕

由上述可知，德宗建中三年（782）九月初稅茶是正確的，今人大都主是說。〔註44〕

（三）建中四年說

《舊唐書》〈食貨志〉、《唐要會》〈轉運鹽鐵總敍〉條及《冊府元龜》〈邦計部經費門〉等三書之稅茶，皆繫於德宗建中四年（783）。《舊唐書》卷四九〈食貨志〉云：

> （建中）四年，度支侍郎趙贊議常平事，竹、木、茶、漆盡稅之。茶之有稅，肇於此矣。〔註45〕

《冊府元龜》則載德宗建中四年（783），討李希烈之叛時，爲解決諸軍「出界糧」問題，由於常賦不足，趙贊乃「請行常平稅竹木茶漆之法」。《冊府元龜》卷四八四〈邦計部經費門〉云：

> 建中四年，討李希烈時，馬燧、李懷光、李抱眞、李芃四節度之兵，屯於魏縣，李晟退次易州，李勉、陳少遊、劉治、哥舒曜等屯於淮、

〔註42〕劉昫等，前引書，卷十二，頁333。

〔註43〕劉昫等，前引書，卷十二，頁334～335。

〔註44〕潘忠義，〈茶稅之沿革〉（《國際貿易導報》，1934年出版）第六卷第六號。

鮑曉娜，〈茶稅始年辨析〉（《中國史研究》，1982年出版）第四期，頁50。

呂思勉，《隋唐五代史》（台北，里仁書局，民國66年12月發行）頁1196。

〔註45〕劉昫等，前引書，卷四九〈食貨志〉，頁2118。

汝之間，神策幷劍南東西二道、浙西、荊南、江西、湖南、黔中、
嶺南、沔、鄂等道之兵，皆進臨賊境。諸道行營出其境者……糧料
皆仰給度支，謂之食出界糧……。凡（出）境一人，兼三人之糧，
由是將士利之，故諸軍月費錢一百三十餘萬貫。判度支侍郎趙贊以
常賦不足……請行常平，稅竹、木、茶、漆之法。〔註46〕

李希烈反叛應繫於德宗建中三年（782）十二月丁丑，〔註47〕四節度屯兵魏縣
及哥舒曜屯兵淮、汝，皆是建中四年（783）六月的事，諸道之軍索「出界糧」
亦發生於此時，在時間上，與建中三年九月趙贊稅茶，頗有一段距離。因此
建中四年（783）軍事上之需，所稅乃是「屋間架、除陌錢」，〔註48〕與建中
三年初稅茶為常平之本，不可混而為一，故茶稅始年應繫於建中三年（782）。

（四）貞元九年說

《舊唐書》〈德宗紀〉、〈食貨志〉、《唐會要》〈雜稅〉條、〈轉運鹽鐵總敘〉
條、《冊府元龜》〈邦計部〉「總序」條及《資治通鑑》〈唐紀〉等書皆載德宗
貞元九年（793）張滂提議稅茶，謂「茶之有稅，自滂始也」。其中以《舊唐
書》卷四九〈食貨志〉所載最為詳細：

貞元九年正月，初稅茶。先是，諸道鹽鐵使張滂奏曰：「伏以去歲水
災，詔令減稅。今之國用，須有供儲。伏請於出茶州縣，及茶山外
商人要路，委所由定三等時估，每十稅一，充放兩稅。其明年以後
所得稅，外貯之。若諸州遭水旱，賦稅不辦，以此代之。」詔可也，
仍委滂具處置條奏。自此每歲得錢四十萬貫……。〔註49〕

《通典》卷十一〈食貨典〉「雜稅」條亦云：「貞元九年制，天下出茶州，商
人販者，十分稅一。」〔註50〕《通典》記事一般止於玄宗天寶十四載（755），
其後史實除非特別重要，一般鮮有記載。杜佑獨記德宗貞元九年（793）張滂
稅茶事，可見他對此事的重視。相反的，關於德宗建中三年（782）趙贊稅茶

〔註46〕王欽若等，《冊府元龜》（台北，大化書局，民國 73 年 10 月印行）卷四八四
　　　　〈邦計部經費門〉，頁 2547。
〔註47〕李希烈為叛，《舊唐書》〈德宗紀〉繫於建中三年十一月丁丑；《資治通鑑》繫
　　　　於建中三月十二月丁丑。據《廿史朔閏表》載建中三年十一月無丁丑日，建
　　　　中三年十二月二十九日為丁丑，故《資治通鑑》之繫年為是。
〔註48〕劉昫等，前引書，卷十二〈德宗紀〉，頁 336。
〔註49〕同註 23。
〔註50〕同註 18。

事，却隻字不提，可見他把建中三年（782）稅茶看作一時權宜之計，不算爲稅茶之始，而貞元九年（792），張滂提出稅茶的具體辦法，茶戶除於出茶州縣繳十分之一的產地稅外，販易商人又須以三等時估爲價，繳十分之一的通過稅，茶成爲首次獨立徵稅的商品，「自此每歲得錢四十萬貫」，茶遂成爲唐政府財政收入的重要部分，在唐政府財政困窘下，茶稅的收入，對其助益甚大，這可能就是諸書以德宗貞元九年（793）爲初稅茶的原因。其實不然，德宗建中三年（782）趙贊稅茶時間雖短，作用雖小，不及貞元九年（793）張滂稅茶影響之深遠，但若論茶稅始年，則仍應以德宗建中三年（782）爲是。

第二節　榷　茶

一、意　義

　　榷茶，亦是茶稅的一種，惟其徵收方式與茶稅迥然不同。榷與稅原是有別的，然唐人對榷與稅的使用，並沒有嚴格的區別。「榷」最早的記載，見於《漢書》卷六〈武帝紀〉：

> （漢武帝天漢三年）初榷酒酤。（原注）應劭曰：「縣官自酤榷賣酒，小民不復得酤也。」韋昭曰：「以木渡水曰榷。謂禁民酤釀，獨官開置，如道路設木爲榷，獨取利也。」師古曰：「榷者，步渡橋，爾雅謂之石杠，今之略彴是也。禁閉其事，總利入官，而下無由以得，有若渡水之榷，因之名焉……。」〔註51〕

由上述三家之注，顯然「榷」乃官營專賣之意。唐文宗以前，諸種稅茶法均不符合「榷」的原則，至文宗時，王涯建議行榷茶，稅茶法始有了重大的改變，意即開始將茶收歸國營專賣，人民不得預焉，惟實施時間極短，僅月餘即停罷。

二、經　過

　　「榷茶」之議，起自鄭注，而以王涯兼領榷茶使主其事。《舊唐書》卷一六九〈鄭注傳〉云：

〔註51〕班固，《漢書》（台北，鼎文書局，民國75年10月出版）卷六〈武帝紀〉，頁204。

　　（文宗大和九年十月）初浴堂召對，上訪以富人之術，乃以榷茶爲
　　對。其法，欲以江湖百姓茶園，官自造作，量給直分，命使者主之。
　　帝惑其言，乃命王涯兼榷茶使。〔註52〕

鄭注「多藝，詭譎陰狹」，「以方伎遊江湖間」，〔註53〕既擢工部尙書，所獻之策
仍是窒礙難行，故王涯「心知不可，不敢爭」，〔註54〕而當時左僕射令狐楚極力
反對，譏此法爲「有同兒戲，不近人情。」《舊唐書》卷四九〈食貨志〉云：

　　（文宗大和）九年十二月，左僕射令狐楚奏新置榷茶使額：「伏以江
　　淮間數年以來，水旱疾疫，凋傷頗甚，愁歎未平。今夏及秋，稍較
　　豐稔。方須惠恤，各使安存。昨者忽奏榷茶，實爲蠹政。蓋是王涯
　　破滅將至，怨怒合歸。豈有令百姓移茶樹就官場中栽，摘茶葉於官
　　場中造，有同兒戲，不近人情……速委宰臣，除此使額……一依舊
　　法，不用新條。惟納榷之時，須節級加價，商人轉鬻，必較稍貴，
　　即是錢出萬國，利歸有司，既無害茶商，又不擾茶戶……。」詔可
　　之。先是，鹽鐵使王涯表請使茶山之人，移植根本，舊有貯積，皆
　　使焚棄，天下怨之。及是楚主之，故奏罷矣。〔註55〕

由此可知，王涯所獻之榷茶法，即是「令百姓移茶樹就官場中栽，摘茶葉於
官場中造」及「舊有貯積，皆使焚棄」，由官營專賣營利，故稱之爲「榷茶」，
一改前代之稅茶法，故《舊唐書》云：「茶之有榷稅，自涯始也」，〔註56〕乃
至當之論。

　　這種榷茶法，與民爭利，不便於民，故引起天下憤怨，「道路以目而吞聲」，
迨至文宗大和九年（835）十一月二十一日「甘露之變」事敗，王涯等蒼惶步出，
至永昌里茶肆，爲禁兵所禽被誅。王涯「以榷茶事，百姓怨恨，詬罵之，投瓦
礫以擊之。」〔註57〕因而榷茶法施行僅月餘，旋即廢止。同年（文宗大和九年，
835）十二月，令狐楚以戶部尙書右僕射主之。「奏請付州縣而入其租於戶部」，
〔註58〕開成元年（836），復採貞元舊制之稅茶法，而未再採行榷茶。

〔註52〕劉昫等，前引書，卷一六九〈鄭注傳〉，頁4400。
〔註53〕歐陽修、宋祁，前引書，卷一七九〈鄭注傳〉，頁5314。
〔註54〕歐陽修、宋祁，前引書，卷一七九〈王涯傳〉，頁5319。
〔註55〕同註26。
〔註56〕同註29。
〔註57〕劉昫等，前引書，卷一六九〈王涯傳〉，頁4405。
〔註58〕同註28。

第三節　貢　茶

一、起　源

　　中國之貢茶，起源極早，據《華陽國志》〈巴志〉載，周武王伐紂克殷之後，巴蜀之地，即以其特產的茶上貢。〔註59〕東晉元帝時，溫嶠上表貢茶一千斤，茗三百斤。〔註60〕劉宋・山謙之〈吳興記〉亦載，浙江烏程縣西北二十里之溫山，出御荈。〔註61〕御荈，即用以上貢之茶。由上述可知，唐以前即有貢茶了。貢茶係指某地區茶質特佳，並經嚴格之督造，始用以上貢之茶。至唐代，由於飲茶風氣達於極盛，上自天下，下至平民，無不飲茶，因此上貢之茶更爲講究，貢茶之區域也更爲廣濶。代宗大曆五年（770），還特於湖州顧渚山設貢茶院，〔註62〕以造貢茶。文宗開成三年（838）三月，亦曾設造茶使，以專其事。〔註63〕人民爲貢茶之事，疲於奔命，苦不堪言。因此，唐代的貢茶，實際上是另一種形式的茶稅，亦即是一種定額的實物稅。

二、州　郡

　　唐代列爲上貢之茶產地極多（如附圖二八），依據《通典》、《元和郡縣圖志》及《兩唐書》之記載，分述如下：

（一）通　典

《通典》卷六〈食貨典〉「賦稅」條載天下諸郡每年常貢茶如下：〔註64〕

1. （山南道）安康郡貢……茶芽一斤……今金州。
2. （山南道）夷陵郡貢……茶二百五十斤……今峽州。
3. （江南道）靈溪郡貢……茶芽二百斤……今溪州。

〔註59〕常璩，《華陽國志》（台灣中華書局，民國55年3月發行）卷第一〈巴志〉，頁1。
〔註60〕寇宗奭，《本草衍義》（台北，新文豐出版股份有限公司，民國74年1月發行）卷之十四，頁66，收入《叢書集成新編》第四六冊。
〔註61〕山謙之，《吳興記》（北京，農業出版社，1981年11月出版）收入《中國茶葉歷史資料選輯》，頁206。
〔註62〕談鑰，《嘉泰吳興志》（台北，中國地志研究會，民國67年8月出版）卷二十，收入《宋元地方志叢書》，頁691。
〔註63〕王欽若等，前引書，卷四九四〈邦計部山澤二〉，頁2600。
〔註64〕杜佑，前引書，卷六〈食貨典〉，頁36、37。

（二）元和郡縣圖志

《元和郡縣圖志》載貢茶之州縣如下：〔註65〕

1. （江南道湖州長城縣）貞元以後，每歲以進奉顧山紫筍茶。
2. （江南道）吉州，元和貢茶。
3. （劍南道西川雅州嚴道縣）蒙山，今每歲貢茶，爲蜀之最。
4. （山南道）江陵府，貢賦碧澗茶芽。
5. （山南道）峽州，貢賦茶。
6. （山南道）歸州，貢賦白茶。
7. （山南道）全州，貢賦茶。
8. （淮南道）和州，貢賦茶。
9. （淮南道）舒州，貢賦開火茶。
10. （淮南道）壽州，貢賦茶。

（三）舊唐書

《舊唐書》卷二十〈哀帝紀〉載：

> （哀帝天佑二年）六月丙申，敕：「福建……今後只供進蠟面茶……。」

〔註66〕

（四）新唐書

《新唐書》〈地理志〉所載土貢中有茶之州郡如下：〔註67〕

1. （河北道）懷州河內郡……土貢……茶……。
2. （山南道）峽州夷陵郡……土貢……茶……。
3. （山南道）歸州巴東郡……土貢……茶……。
4. （山南道）夔州雲安郡……土貢……茶……。
5. （山南道）金州漢陰部……土貢……茶……。
6. （山南道）興元府漢中郡……土貢……茶……。
7. （淮南道）壽州壽春郡……土貢……茶……。
8. （淮南道）廬州廬江郡……土貢……茶……。
9. （淮南道）蘄州蘄春郡……土貢……茶……。

〔註65〕李吉甫，前引書，頁 338、376、447、629、630、632、652、660、661、663。
〔註66〕劉昫等，前引，卷二十〈哀帝紀〉，頁 797。
〔註67〕歐陽修、宋祁，前引書，卷三十九、四十、四十一、四十二，頁 1010、1028、
1029、1030、1033、1053、1054、1056、1058、1060、1064、1069、1076、1083。

10.（淮南道）申州義陽郡……土貢……茶……。

11.（江南道）常州晉陵郡……土貢……紫筍茶……。

12.（江南部）湖州吳興郡……土貢……紫筍茶……。

13.（江南道）睦州新定郡……土貢……細茶……。

14.（江南道）福州長樂郡……土貢……茶……。

15.（江南道）饒州鄱陽郡……土貢……茶……。

16.（江南道）溪州靈溪郡……土貢……茶牙……。

17.（劍南道）雅州盧山郡……土貢……茶……。

由上述可知，唐代貢茶之區域甚廣，其貢茶數量也極爲可觀；即以憲宗朝爲例，當時財政困難，乃於元和十年（817）五月令變賣內庫茶三十萬斤，付度支調配使用。〔註68〕因此，內庫藏茶必在三十萬斤以上，由此亦可略窺唐代貢茶數量之驚人。所貢之茶，除宮中自用者外，另還賞賜群臣、將士，尤以軍中賞賜最厚。例如：陸贄陳西北邊事，言：「關東戍士……衣裘優厚，繼以茶藥，資以蔬醬。」〔註69〕可見軍中賞賜之優厚。

上貢茶之品質，以顧渚紫筍茶（今浙江吳興）、蘄陽茶（今湖北蘄春）、蒙山蒙頂茶（今四川蒙山）等爲上；其次則爲壽陽霍山黃牙（今安徽壽州）、義興紫筍茶（今江蘇宜興）、碧澗茶（今湖北宜昌）、澠湖茶（今湖南岳陽）、衡山茶（今湖南衡陽）等；最下有鄱陽、浮梁茶（皆在今江西鄱陽）等所產之茶。〔註70〕

三、茶役苦況

用以上貢之茶，其製造皆極講究，因而促進了中國製茶技術的發達，並因貢茶而繁榮了附近的茶葉市場；然因採茶、製茶須動用眾多的人力，人民因而輟耕農事，百業俱廢。李吉甫《元和郡縣圖志》卷二十五，載云：

> （江南道湖州長城縣）顧山，縣西北四十二里。貞元已後，每歲以
> 進奉顧山紫筍茶，役工三萬人，累月方畢。〔註71〕

由此可見，德宗以後，貢茶量日增，故須動用三萬多人採茶、製茶。宋・趙

〔註68〕王欽若等，前引書，卷四九三〈邦計部山澤一〉，頁2597。

〔註69〕歐陽修、宋祁，前引書，卷一五七〈陸贄傳〉，頁4929。

〔註70〕斐汶，《茶述》（台灣商務印書館，民國75年3月發行）頁664，收入景印清《文淵閣四庫全書》第八四四冊，陸廷燦，《續茶經》卷上之一。

〔註71〕李吉甫，前引書，卷二十五，頁338。

明誠〈唐義興縣重脩茶舍記〉亦云：

> 義興貢茶非舊也，前此故御史大夫李栖筠實典是邦，山僧有獻佳茗
> 者，會客嘗之，野人陸羽以爲芬香甘辣，冠於他境，可薦於上，栖
> 筠從之，始進萬兩，此其濫觴也。厥後因之，徵獻寖廣，遂爲任土
> 之貢，與常賦之邦侔矣！每歲選匠徵夫至二千餘人。〔註72〕

李栖筠，字貞一，世爲趙人。代宗大曆三年（768）二月，他以常州刺史轉任蘇
州刺史。〔註73〕在常州刺史任內，曾推薦義興（屬常州，今江蘇宜興）紫筍茶
上貢，是爲義興貢茶之始，而義興貢紫筍茶，當在代宗大曆三年（768）二月以
前。其爲貢茶而動用眾多的人力，「每歲選匠徵夫至二千餘人」，這種無償地廣
徵人力的結果，自必影響其他的農事活動，致惹民怨。至於貢茶數量，即以湖
州爲例，每歲貢茶當在一萬八千餘斤以上。宋・錢易《南部新書》云：

> 唐制，湖州造茶最多，謂之顧渚貢焙。歲造一萬八千四百八斤，焙
> 在長城縣西北，大曆五年以後始有進奉。至建中二年袁高爲郡，進
> 三千六百串，幷詩刻石在貢焙。〔註74〕

串，爲唐代計算餅茶數量多寡之單位，因餅茶製好後，須貫穿起來焙乾封存，
因此，一穿即是一串。其重量江東、峽中有別，湖州屬江東，每串有一斤、
半斤或四、五兩之別。〔註75〕據此估計，湖州每年至少亦得貢茶一、二千斤
以上。又據宋・談鑰《嘉泰吳興志》卷十八載：

> 先是，兩州（常州、湖州）析造時，供進五百串，稍加至二千串，
> 會昌中至一萬八千四百斤。〔註76〕

可見兩州貢茶量之驚人。又憲宗時，內庫茶竟貯存至三十萬斤以上，凡此均
可見唐代貢茶數量之大，也因而更加重人民的負擔，形成一種苛政。

　　其次，貢茶時間也有一定的限制，陸羽《茶經》卷上〈三之造〉云：「凡
採茶，在二月、三月、四月之間。」〔註77〕可知貢茶之時間不得早於二月和

〔註72〕趙明誠，《唐義興縣重脩茶舍記》（台灣商務印書館，民國70年2月印行）收
　　　　入《金石錄》卷二十九，頁165《四部叢刊廣編》。
〔註73〕劉昫等，前引書，卷十一〈代宗紀〉，頁289。
〔註74〕錢易，《南部新書》（台北，藝文印書館，民國54年至59年印行）頁7，收入
　　　　《百部叢書集成》之四十六《學津討原》第二十三函。
〔註75〕陸羽，《茶經》（台北，新興書局，民國58年7月發行）卷上〈二之具〉，收
　　　　入宋刻本左圭《百川學海》，頁740。
〔註76〕談鑰，前引書，卷十八，頁6884。
〔註77〕陸羽，前引書，卷上〈三之造〉，頁741。

晚於四月，此正春耕播種，農田須人力之時。唐·李郢〈茶山貢焙歌〉亦云：「春風三月貢茶時」及「到時須及清明宴」，〔註78〕所言均與陸羽之採茶時間相符。這種須趕在清明宴（即約國曆四月五日）以前貢到者，稱爲「急程茶」，即今之春茶也。其餘水陸並進，限於四月到。〔註79〕

文宗時，吳、蜀二地曾貢冬茶，惟不久即罷。《舊唐書》卷十七〈文宗紀〉云：

> （文宗大和七年）正月……故事，吳、蜀貢新茶，皆於冬中作法爲
> 之，上務恭儉，不欲逆其物性，詔所供新茶，宜於立春後造。〔註80〕

文宗初年，舊例貢冬茶，必有其原因，或因天子在冬至日賜茶最多；或因諸州爲爭奇鬥新，「以要一時之澤」，〔註81〕乃有冬天貢茶之事發生。其後，或因「上務恭儉，不欲逆其物性」，或實因惟恐採茶太早，影響茶葉之產量及品質，另外也將妨礙到其他農業之生產活動，導致農村經濟凋敝等情事，〔註82〕故詔罷冬貢茶，改爲立春（即約國曆二月四日）後造貢茶。

貢茶之茶役苦況，由於袁高親歷茶事，所述最爲感人。袁高，字公碩，滄州人。德宗貞元初年任湖州刺史，曾以「茶山詩」爲題，寫了一首五言詩，道盡貢茶帶給百姓的疾苦。對當年倡議貢茶的人，和位居高位的國君，予以無情的諷刺，他這種勇於直諫的精神，頗值得吾人敬佩。其所賦的〈茶山詩〉云：

> 禹貢通遠俗，所圖在安人。後王失其本，職吏不敢陳。
> 亦有姦佞者，因茲欲求伸。動生千金費，日使萬姓貧。
> 我來顧渚源，得與茶事親。舴艋耕農夫，采采實苦辛。
> 一夫旦當役，盡室皆同臻。捫葛上歓壁，蓬頭入荒榛。
> 終期不盈掬，手足皆鱗皴。悲嗟遍空山，草木爲不春。
> 陰嶺芽未吐，使者牒已頻。心爭造化功，走挺麋鹿均。
> 選納無晝夜，搗聲昏繼晨。眾工何枯櫨，俯視彌傷神。
> 皇帝尚巡狩，東郊路多堙。周迴遠天涯，所獻愈艱勤。

〔註78〕李郢，〈茶山貢焙歌〉（台北，明倫出版社，民國60年10月出版）收入《全唐詩》卷五九○，頁6846～6847。

〔註79〕談鑰，前引書，卷十八，頁6884。

〔註80〕劉昫等，前引書，卷十七〈文宗紀〉，頁547。

〔註81〕同註79。

〔註82〕陳椽，《茶業通史》（北京，新華書店，1984年5月發行）第十二章第二節〈貢茶〉，頁420～421。

況減兵革困，重茲固疲民。未知供御餘，誰合分此珍。

顧省忝邦守，又漸復因循，茫茫滄海間，丹憤何由申。〔註83〕

袁高親率役工採茶及督造茶，對貢茶事知之甚稔，此首詩描繪得極爲動、細膩。他描寫人民爲貢茶事而荒廢農桑生計，只要家中有一人被徵調服茶役，全家則同遭此命運。蓬頭垢面入山採茶，整天無暇梳洗，手腳皆起厚繭，茶芽尚未吐露，而使者持牒催促甚急。乃不分晨昏，日以繼夜地造茶，役工形體已日漸消瘦，眞叫人不忍卒睹。皇上御用之餘，還有誰合於分享此珍貴的茶呢？

另外，晚唐詩人李郢亦賦有一首〈茶山貢焙歌〉。李郢，字楚望，長安人，宣宗大中十年（856）第進士，官終侍御史。他對於當時貢茶採、造等情形，描繪得十分逼切，頗爲同情茶農茶役的苦況，同樣道盡貢茶帶給人民的苦楚。其所賦〈茶山貢焙歌〉云：

使君愛客情無已，客在金臺價無比。

春風三月貢茶時，盡逐江旌到山裏。

焙中清曉朱門開，筐箱漸見新芽來。

陸煙觸露不停採，官家赤印連帖催。

朝飢暮匐誰興哀，喧闐競納不盈掬。

一時一餉還成堆，蒸之馥之香勝梅。

研膏架動轟如雷，茶成拜表貢天子。

萬人爭嗽春山摧，驛騎鞭聲春流電。

半夜驅夫誰復見，十日王程路四千。

到時須及清明宴，吾君可謂納諫君。

諫官不諫何由聞，九重城裏雖玉食。

天涯吏役長紛紛，使君憂民慘容色。

就焙嘗茶坐諸客，幾回到口重咨嗟。

嫩綠鮮芳出何力，山中有酒亦有歌。

樂營房戶皆仙家，仙家十隊酒百斛。

金絲宴饌隨經過，使君是日憂思多。

客亦無言徵綺羅，殷勤繞焙復長歎。

〔註83〕袁高，〈茶山詩〉（台北，明倫出版社，民國60年10月出版）收入《全唐詩》卷三一四，頁3536～3537。

官府例成期如何，吳民吳民莫憔悴，使君作相期蘇爾。〔註84〕

茶民必須履風霜，不避寒露上山採茶，茶採下山後，製茶研膏之聲音，如雷貫耳。只見官府不斷催逼，乃不得不連日趕製。茶製好後，快馬加鞭兼程遞送至京師，爲了要趕赴清明宴，以爲祭拜宗廟，分賜群臣、將士之用。這種將快樂建築在茶農的痛苦之上，而在位者又不知同情茶農之處境，宋人趙明誠在其所著〈唐義興縣重脩茶舍記〉中，曾提出嚴厲的批評：

> 余嘗謂後世士大夫，區區以口腹玩好之獻爲愛君，此與宦官宮妾之
> 見無異，而其貽患百姓，有不可勝言者。如貢茶，至末事也。而調
> 發之擾猶如此，況其甚者乎！〔註85〕

趙明誠以宋人旁觀者的眼光，嚴厲批評唐代的貢茶制度，認爲極其擾民，且「貽患百姓，有不可勝言者」，故他特別追記之，以爲當世及後代之誡！

第四節　茶稅與藩鎮之關係

唐自安史亂後，國勢漸衰，導致藩鎮割據，抗命中央，儼然以一具有實權的地方政府自居，此時非僅政治、軍事不能統一，即社會、文化亦完全成爲互不關涉之集團。〔註86〕惟中唐初年，部分之藩鎮，尚屬馴順，聽命中央，間或以土貢進獻。如《舊唐書》卷一二三〈劉晏傳〉即載：

> （代宗大曆十三年十二月）江淮茶、橘，晏與本道觀察使各歲貢之，
> 皆欲其先至。有土之官，或封山斷道，禁前發者，晏厚以財力致之，
> 常先他司，由是甚不爲藩鎮所便。〔註87〕

然自德宗以後，藩鎮漸桀驁不馴，目無法紀，掠奪茶園，壯大自己。《舊唐書》卷十三〈德宗紀〉云：「（德宗貞元十五年八月）丙辰（討吳少誠）制：壽州茶園，輒縱凌奪……。」〔註88〕可見當時茶有利可圖，吳少誠乃縱兵凌奪茶園，以規厚利。憲宗時，吳少陽亦然，掠奪茶山，搶刧商賈，以爲壯大自己之資本。《新唐書》卷二一四〈吳少陽傳〉云：

〔註84〕同註78。
〔註85〕同註72。
〔註86〕陳寅恪，《唐代政治史述論稿》（台北，樂天出版社，民國61年3月發行）上篇，頁14。
〔註87〕劉昫等，前引書，卷一二三〈劉晏傳〉，頁3515。
〔註88〕劉昫等，前引書，卷十三〈德宗紀〉，頁391。

少陽者，滄州清池人……憲宗以王承宗方叛，故詔遂王爲節度使，以少陽領留後。居三年，進拜節度使。少陽不立役籍，隨日賦斂於人。地多原澤，益畜馬，時時掠壽山茶山，刼商賈，招四方亡命，以實其軍。〔註89〕

憲宗元和十一年（816）以後，藩鎮更形跋扈，甚而出兵侵佔百姓茶園，唐政府乃不得不派兵保護其境內百姓的茶園。《冊府元龜》〈邦計部山澤門〉云：

元和十一年討吳元濟，二月詔壽州以兵三千保其境內茶園。〔註90〕

同書又載：

元和十四年八月，歸光州茶園於百姓，從刺史房克讓之請也。〔註91〕

由於當時茶利甚厚，故藩鎮橫奪百姓茶園時有所聞，並自營販茶以邀利。《新唐書》卷二一二〈劉仁恭傳〉云：

（昭宗乾寧）三年……（劉仁恭）禁南方茶，自擷山爲茶，號山曰大恩，以邀利。〔註92〕

玄宗天寶末年，由於國計不充，用度不足，諸道節度使、觀察使乃多自率稅商賈，於津濟要路及市肆間交易之處，計錢至一千以上者，皆以分數稅之，以充軍資雜用。自是商旅無利，多失業矣。〔註93〕這種擅賦商賈通過稅，中唐以後，地方州府及藩鎮普遍採行，如憲宗元和十三年（816），鹽鐵使程异見諸州府置茶、鹽店收稅，事久實爲重斂，且異常制，故奏請勒停。〔註94〕又如宣宗大中六年（852）正月，鹽鐵轉運使裴休認爲諸道節度、觀察使，置店停止茶商，每斤收搨地錢，幷稅經過商人，多層剝削，乃奏請釐革橫稅。同年（大中六年，852）四月，淮南及天平軍節度使幷浙西觀察使見「置店停止茶商」被禁，財源斷絕，乃聯名上奏以「軍用困竭」爲名，伏乞且賜依舊稅茶。〔註95〕宣宗鑒於諸藩鎮課利自肥，有違常制，乃駁回嚴禁之。

中唐以後，藩鎮橫稅茶商，侵佔百姓茶園，壯其叛亂及坐大之資本，用以抗命中央，形成地方割據，可謂茶大有功於藩鎮，然對唐政府則大爲不利。

〔註89〕歐陽修、宋祁，前引書，卷二一四〈吳少陽傳〉，頁6004。
〔註90〕同註68。
〔註91〕同上。
〔註92〕歐陽修、宋祁，前引書，卷二一二〈劉仁恭傳〉，頁5587。
〔註93〕同註18。
〔註94〕同註7。
〔註95〕同註12。

東南一帶，自中唐以後，是唐政府極為重要的財賦區，而其特產的茶，即是
唐政府極重要的財賦收入之一，而今藩鎮置店擅稅茶商，「朝廷不能制，江淮
轉運路絕，兩河、江淮賦不上供，歲時獻奉而已。」〔註 96〕形成其一筆可觀
的收入，因此，唐末藩鎮之割據、坐大，馴致大唐政權亡於藩鎮之手，和其
大宗的茶稅收入，有極為密切的關係。

〔註96〕劉昫等，前引書，卷十九〈僖宗紀〉，頁 720。

第六章　茶書、茶詩與茶畫

第一節　茶　書

　　茶書是專門論述茶的書籍，這些書籍有的是作者親歷茶事的著作，有的是根據茶民的經驗，或前人的資料，整理編輯而成。這些茶書，對於研究我國古代茶業的發展和茶業的生產技術，是極為珍貴的。茶書除了論述茶本身的內容外，還包括論述與茶相關的問題，例如茶具、茶器以及烹茶用水等等，內容極為廣泛。為茶著書，始於我國。我國茶書，最早見於唐代陸羽著的《茶經》，陸羽開創了為茶著書的先例，也為後世的茶書規範了一個大體的體例。

　　中國歷代由於迭經戰亂、兵燹等天災人禍，欲保存完整的史籍，確屬不易；大凡成書愈早，散佚的情況也愈為嚴重。以唐朝為例，保存較完整堪稱足本的有陸羽《茶經》和張又新《煎茶水記》等二書，其餘則為殘卷或輯佚本，茲分述如下：

一、足　本

（一）茶　經

　　唐・陸羽撰。陸羽字鴻漸，一名疾，字季疵，復州竟陵（今湖北天門縣）人。〔註1〕

〔註 1〕歐陽修、宋祁，《新唐書》（台北，鼎文書局，民國 74 年 2 月發行）卷一九六〈陸羽傳〉，頁 5611。

　　肅宗上元初，陸羽曾隱居於苕溪（今浙江天目山附近）自稱桑苧翁，闔門著書，〔註2〕其大作《茶經》當於是時完成（〈陸文學自傳〉稱係完成於上元二年）。不久，詔拜太子文學，故後人亦稱其為「陸文學」，後徙太常寺太祝，不就，貞元末卒，〔註3〕享年約七十歲，《茶經》分三卷十節，約七千餘字，其內容如下：〔註4〕

1. 卷上：一之源，說明茶樹的形狀、茶葉品質與土壤的關係。二之具，說明採茶、製茶及貯茶的各種器具。三之造，說明茶葉的種類與採茶、製茶方法。
2. 卷中：四之器，說明烹茶與飲茶用具，分析各地茶器的好壞與使用方法，以及茶器對茶湯湯色的影響。
3. 卷下：五之煮，說明烹茶的方法及用水的選擇。六之飲，說明飲茶的起源及飲茶應有的知識。七之事，說明唐以前飲茶的史實及茶之藥方。八之出，詳載唐代茶之產地及其品質的高下。九之略，說明在何種情況下，可以省略某種製茶過程、製茶工具和烹茶、飲茶的器皿。十之圖，將前述九項茶事寫在素絹上，分四幅或六幅懸掛起來，則《茶經》可以一目瞭然矣！

陸羽親歷茶事，包括親自採茶、製茶和烹茶……等等，並根據前人之資料，和與當代文士同好宴集討論茶事的心得，彙集而成《茶經》一書，其可信度是相當高的。惟有部分注文係後人所竄入，並非陸羽原著。〔註5〕又因後代傳鈔及刻板印刷等人為筆誤，故傳世版本文字不一，是可想見的。至於有日本學者（如田久保希八氏）認為《茶經》卷下〈七之事〉以下非陸羽所撰，恐不足採據，今人張宏庸氏論之詳矣！〔註6〕

〔註2〕同註1。
〔註3〕李肇，前引書，卷中，頁34。
〔註4〕陸羽，《茶經》（台北，新興書局，民國58年7月發行）收入宋刻本左圭《百川學海》，頁737～776。
〔註5〕近代學者都以《茶經》注文均為陸羽原書，然據書中文字往往有異文，如：「鍑，音輔，或作釜，或作鬴。」（見卷中·四之器）書中反切往往有異說，如：「啜，嘗也，市稅反，又市悅反。」（見卷下，五之煮）又內容往往有異議，如正文：「其味甘，檟也。不甘而苦，荈也。」下注：「一本云其味苦而不甘，檟也。甘而不苦，荈也。」（見卷下·五之煮）由此可見，《茶經》注文中自有後人竄入者，並非純為陸羽原著。
〔註6〕張宏庸，《陸羽書錄》（桃園，茶學文學出版社，民國74年5月發行）頁5。

今傳世《茶經》之刊本中，以南宋度宗咸淳九年（1273）左圭之刊本爲最早，目前可見之刊本約有四、五十種之多，〔註7〕茲不贅述。

（二）煎茶水記

唐・張又新著。又新，字孔昭，深州陸澤（今河北深縣）人，工部侍郎張薦之子。憲宗元和間，及進士第，歷官左補闕、汀州刺史、申州刺史，終左司郎中。〔註8〕

〈煎茶水記〉一卷，全文僅約九百五十餘字。〔註9〕首列劉伯芻所品之七水，次列陸羽所品之二十水；這些水品，張又新皆曾親嚐，大致是佳品無疑。惟所載陸羽能明辨南零水，並以雪水居末，殊爲怪誕，不符常情，今人萬國鼎對之曾加以評騭云：

> 余按天下水誠有美惡，以所含礦質不同也；然以天下之大，欲舉而一一次第之，談何容易。雨雪之水純潔，雖不若著名山泉之甘厚，遠勝普通井水之苦澀，而又新以雪水居末，宜陳氏書錄解題斥爲尤不可曉也。至又新所記陸羽辨南零水事，尤屬怪誕。夫兩水含置一器，未有不溶和者，而猶分上半爲臨岸之水，下半始爲南零水，悖物之理矣。〔註10〕

萬氏之言，洵爲至當之論，陸羽所評之水，誠有可議之處，又張又新所舉陸羽善辨南陵水之故事，恐非事實，然以此比喻陸羽善品水，亦其宜也。

張又新在書中又言，用產茶地之水烹茶，無不佳也，蓋水土相宜之故；若用他處之水烹茶，茶湯之品質，則減半矣。然茶湯品質之高下，當不全受水質的影響，善烹與潔器亦是重要之條件。另外，他又強調：（一）「顯理鑒物」：意爲理論與實際必須結合在一起。（二）不能迷信古人，蓋有古人所不知，而今人能知之者。（三）學無止境，好學君子，必須孜孜不倦地鑽研學習，豈止於「見賢思齊」而已。他這些至理名言，頗值得吾人深思與篤行。

〔註7〕程光裕，《茶經考略》（台北，中國文化學院，民國54年6月出版）收入《華岡學報》第一期，頁196～199。張宏庸，前引書，頁31～56。
〔註8〕歐陽修、宋祁，前引書，卷一七五〈張又新傳〉，頁5246～5247。
〔註9〕張又新，《煎茶水記》（台北，新興書局，民國58年7月發行）收入宋・左圭《百川學海》本，頁2285～2290。
〔註10〕萬國鼎，《茶書二十九種題記》（台北，中華圖書館協會，民20年6月出版）收入《圖書館學季刊》第五卷第二期，頁195。

二、殘卷或輯佚本

（一）水　品

　　是否爲陸羽所撰，抑或張又新所僞託，歷代學者說法不一。其一認爲品泉、試茶爲陸羽所長，〈水品〉乃陸羽所撰，始無疑義。〈水品〉緣於代宗時，湖州刺史李季卿鑒於陸羽精於品水，偶聚會於江表，李氏乃請陸羽口授品評次第，命人記錄之。因此，嚴格言之，〈水品〉係陸羽口述而由他人記載之作，並非陸羽親撰，至宋·高似孫〈緯略〉始輯出獨立成篇。〔註11〕

　　其二歐陽修認爲〈水品〉係張「又新妄附益之」，〔註12〕非陸羽之作。歐陽修對陸羽評第之二十水品，不表苟同，歐陽修所極稱之浮槎山之水，而陸羽二十水品中棄而不錄，且其說與《茶經》前後矛盾，因頗疑〈水品〉非陸羽之作。宋·歐陽修〈浮槎山水記〉云：

　　　　浮槎山在慎縣南三十五里……其上有泉，自前世論水者皆弗道。余
　　　　嘗讀茶經，愛陸羽善言水，後得張又新水記，載劉伯芻、李季卿所
　　　　列水次第，以爲得之於羽，然以茶經攷之皆不合，又新妄狂險譎之
　　　　士，其言難信，頗疑非羽之說。又得浮槎山水，然後益知羽爲知水
　　　　者，浮槎與龍池山皆在廬州界中，較其味不及浮槎遠甚，而又新所
　　　　記以龍池爲第十，浮槎之水棄而不錄，以此知其所失多矣！〔註13〕

歐陽修極詆張又新之妄，又謂與《茶經》所說不合。然由於個人思想之改變，前後觀念歧異者，代不乏人，故僅據〈水品〉與《茶經》之觀點歧異而證明非同一人之作，亦有未妥。

（二）顧渚山記

　　唐·陸羽撰。皮日休〈茶中雜詠幷序〉云：

　　　　自周巳降，及於國朝茶事，竟陵子陸季疵言之詳矣……季疵之始爲
　　　　經三卷……余始得季疵書，以爲備矣，後又獲其顧渚山記二篇，其
　　　　中多茶事。〔註14〕

〔註11〕陸羽，《水品》（台北，廣文書局，民國 59 年 12 月發行）收入《筆記三篇》
　　　　高似孫〈緯略〉，卷一，頁 32～34。
〔註12〕歐陽修，大明水記（台北，新興書局，民國 58 年 7 月發行）收入宋·左圭《百
　　　　川學海》本，頁 2294。
〔註13〕歐陽修，《浮槎山水記》（台北，新興書局，民國 58 年 7 月發行）收入宋·左
　　　　圭《百川學海》本，頁 2294～2297。
〔註14〕皮日休，〈茶中雜詠幷序〉（台北，明倫出版社，民國 60 年 10 月出版）收入

由此可知，陸羽另著〈顧渚山記〉二篇。歷代書目亦見著錄，例如宋·晁公武《郡齋讀書志》後志卷二載〈顧渚山記二卷〉〔註15〕、陳振孫《直齋書錄解題》卷八載〈顧渚山記一卷〉〔註16〕、鄭樵《通志》卷六六〈藝文略地理類〉載〈顧諸（渚）山記一卷〉〔註17〕等，俱見記載。凡此皆證明陸羽著〈顧渚山記〉當不成問題，惟後世無存全帙，僅存吉光片羽數條，彌足珍貴。今僅輯錄五條，計有：（一）獲神茗〔註18〕（二）饗茗獲報〔註19〕（三）綠蛇〔註20〕（四）報春鳥〔註21〕（五）曇濟茶。〔註22〕

（三）採茶錄

　　唐·溫庭筠撰。溫庭筠，太原（今山西太原）人，本名歧，字飛卿。宣宗大中初，應進士。〔註23〕工爲詞章，與李商隱齊名。號溫李。

　　〈採茶錄〉歷代書目亦見著錄，例如：《新唐書》卷五十九〈藝文志小說家類〉載〈採茶錄一卷〉，〔註24〕《通志》卷六〈藝文略食貨類〉載〈採茶錄二卷〉〔註25〕、《宋史》卷二〇五〈藝文志農家類〉載〈採茶錄一卷〉〔註26〕

　　　　　《全唐詩》卷六一一，頁 7053。
〔註15〕晁公武，《郡齋讀書志》（台灣商務印書館，民國 67 年 1 月發行）後志卷二，頁 832。
〔註16〕陳振孫，《直齋書錄解題》（台灣商務印書館，民國 67 年 5 月發行）卷八，頁 255。
〔註17〕鄭樵，《通志》（台灣商務印書館，民國 76 年 12 月發行）卷六六〈藝文略地理類〉，頁 782。
〔註18〕陸羽，《顧渚山記》〈獲神茗〉（台北，古新書局，民國 69 年 1 月出版）收入《太平廣記》卷四一二，頁 871。
〔註19〕陸羽，《顧渚山記》〈饗茗獲報〉（出版社同上），收入《太平廣記》，卷四一二，頁 871。
〔註20〕陸羽，《顧渚山記》〈綠蛇〉（出版社同上），收入《太平廣記》，卷四五六，頁 963。
〔註21〕陸羽，《顧渚山記》〈報春鳥〉（出版社同上），收入《太平廣記》，卷四六三，頁 985。
〔註22〕陸羽，《顧渚山記》〈曇濟茶〉（台北，新興書局，民國 61 年 1 月印行）收入宋·潘自牧《記纂淵海》卷之九十〈飲食部·茶〉，頁 5757。
〔註23〕劉昫等，《舊唐書》（台北，鼎文書局，民國 74 年 3 月出版）卷一九〇〈溫庭筠傳〉，頁 5078。
〔註24〕歐陽修、宋祁，前引書，卷五十九〈藝文志小說家類〉，頁 1542。
〔註25〕鄭樵，前引書，卷六六，頁 784。
〔註26〕脫脫等，《宋史》（台北，鼎文書局，民國 72 年 11 月出版）卷二〇五〈藝文志農家類〉，頁 5205。

等，俱見記載。該書今已散佚。清·陳夢雷《古今圖書集成》存有辨、嗜、易、苦、致〔註27〕等五類六則茶事，共約四百餘字，其內容大意如下：

1. 辨（之一）：述陸羽辨南零水的故事。
2. 辨（之二）：述李約之煎茶法謂：茶須緩火炙，活水煎。次述始沸、中沸、終沸等三沸之狀各不同。
3. 嗜：述陸龜蒙嗜茶，置茶園於顧渚山下，歲入茶租爲生，自爲品第書一篇。
4. 易：述劉禹錫以物易白居易之茶。
5. 苦：述王濛好茶，輒以茶款待士大夫，士大夫深以爲苦，每謂今日有「水厄」。
6. 致：述劉琨致弟書，要其寄眞茶，以解體中憒悶。

（四）十六湯品

唐·蘇廙（一作虞），兩唐書無傳，生平不可考。原文佚，今文引自宋·陶穀《清異錄》茗荈部。〔註28〕今〈十六湯品〉原爲蘇廙〈僊芽傳〉第九卷中之一篇，原名爲〈湯十六法〉，清·胡虔《欽定四庫全書存目》題作〈湯品〉，〔註29〕惟無卷數及不著撰人姓氏。

〈十六湯品〉所論皆與茶湯的品評方法有關，其內容包括：煎茶以老、嫩言者凡三品（第一～第三）、茶注以緩、急言者凡三品（第四～第六）、以茶器之分類言者凡五品（第七～第十一）、以新材論者凡五品（第十二～十六），茲分述如下：

第一、得一湯：煎茶之水與火須適中，無過與不及，不偏不倚。
第二、嬰湯：煎茶時，若水與火方熾，便急於倒茶湯，則有如責之嬰孩作壯夫之事。
第三、百壽湯：水踰十沸，則茶湯老矣！有如人過百一般。
第四、中湯：注茶湯時，若緩急不一，則茶敗；必須不緩不急，茶湯濃

〔註27〕陳夢雷，《古今圖書集成》（台北，鼎文書局，民國74年4月發行）食貨典，第二八八卷〈茶部〉，頁2782～2783。
〔註28〕陶穀，《清異錄》（台北，新文豐出版公司，民國74年1月發行）卷四，收入《叢書集成新編》第八六冊，頁354～355。
〔註29〕胡虔，《欽定四庫全書存目》（台北，成文出版社，民國67年出版）卷六，頁2742，收入《書目類編》第八冊，嚴靈峯編輯，據清乾隆五十八年刊本影印。

度始能均勻。

第五、斷脈湯：注茶湯時，若手臂顫動，則湯不順暢，有如人之百脈，氣血斷斷續續一般。

第六、大壯湯：注湯不宜快瀉，否則有如大力士之於把針一般。下湯量必須合宜，不得超過六分。

第七、富貴湯：富貴者以金、銀爲湯器，故稱爲富貴湯，貧賤者不宜用。

第八、秀碧湯：以石琢成湯器，其湯甚佳。

第九、壓一湯：以瓷爲湯器，幽士逸夫尤宜用之。

第十、纏口湯：凡人俗輩以銅、鐵、鉛、錫爲湯器，腥苦且澀，惡氣纏口不去。

第十一、減價湯：瓦製茶瓶，有土氣，不宜使用。

第十二、法律湯：茶家有茶法，水忌停，薪忌薰，煮湯、沃湯以炭爲宜，犯律踰法，湯乖則茶殆矣。

第十三、一面湯：煎茶不宜用浮炭或虛炭，因其性浮，性浮則不宜湯，故以實炭爲佳。

第十四、宵人湯：以糞水煎茶，則茶湯香味減耗。

第十五：賊湯：一名賤湯，以竹篠、樹梢煎茶，其性虛薄，無中和之氣，正如殘賊茶湯。

第十六：魔湯：煎茶忌惡煙，苟若濃煙蔽室，則爲有茶湯；苟用此湯，又安有茶耶！所以稱爲魔湯。

上述〈十六湯品〉雖係文人遊戲之作，然對於吾人烹茶技術之講求，至今仍有其參考價值。

（五）茶　述

唐・斐汶撰，曾任湖州刺史。原文佚，今文引自清・陸廷燦《續茶經》〔註30〕所載。

《茶述》談論茶風盛行於唐朝，西晉以前並不盛行；並論及茶之特性與功效，他說茶性精清，茶味浩潔，有滌煩、致和之功效，百服不厭，得之則安，不得則病，其功效至數十年而後顯。

〔註30〕陸廷燦，《續茶經》（台灣商務印書館，民國 75 年 3 月發行）收入景印清《文淵閣四庫全書》第八四四冊，頁 664～665。

斐汶並力闢時謠，斥「多飲令人體虛病風」為無稽之談，他並極力提倡飲茶，稱「夫物能袪邪必能輔正，安有蠲逐聚病，而靡裨太和哉？」他又論及唐代的茶作為土貢者眾，其品質有高、下之分，其中以顧渚、蘄陽、蒙山為上，其次為壽陽、義興、碧澗、㵐湖、衡山之茶，最下著為鄱陽、浮梁所產之茶。

茶本靈草，功用甚多，斐汶惟恐人們誤解茶之有益於大，有感而作《茶述》一書。由此可見，存世之殘文，乃係《茶述》之序，非其正文甚明。

（六）代茶餘序

唐・毋煚撰。毋煚，開元時人，曾任右補闕、右率府胄曹參軍等職，博學有著述才，應詔校正秘籍，以熱疾暴終，玄宗追贈朝散大夫。〔註31〕

毋煚性不飲茶，認為飲茶有害人體，乃勸人少飲用。著〈代茶餘序〉一篇，略云：

> 釋滯銷壅，一日之利暫佳；瘠氣侵精，終身之累斯大。獲益則歸功
> 茶力，貽患則不為茶災，豈非福近易知，禍遠難見。〔註32〕

飲茶之利弊得失，見仁見智，然應利多於弊，毋煚性不飲茶，而批評飲茶「瘠氣侵精」，成為終身之累，則有失公允。上引之文正如唐人劉肅所言，僅是〈代茶餘序〉之略，可見並非全帙。

（七）茶　譜

五代十國後蜀・毛文錫撰。毛文錫，字平珪，高陽（今河北高陽縣）人。唐進士，事蜀為翰林學士，累拜司徒，以小詞為後蜀主所愛，尤工豔語。

〈茶譜〉歷代書目亦見著錄，例如：晁公武《郡齋讀書志》卷三上載〈茶譜一卷〉〔註33〕、陳振孫《直齋書錄解題》卷十四載〈茶譜一卷〉〔註34〕、鄭樵卷六《通志》載〈茶譜一卷〉〔註35〕等，均見記載。

〔註31〕劉肅，《大唐新語》（台北，新文豐出版公司，民國74年1月發行）卷十一，頁118，收入《叢書集成新編》第八三冊。
　　　　董誥等，《全唐文》（台灣大通書局，民國68年7月出版），卷三七三，頁4795。
〔註32〕毋煚，〈代茶餘序〉（《大唐新語》引，出版社同上）卷十一，頁118。
〔註33〕晁公武，前引書，卷三上，頁234。
〔註34〕陳振孫，前引書，卷十四，頁398。
〔註35〕同註25。

三、存目佚書

（一）茶　記

　　唐・陸羽撰。歷代書目亦見著錄，宋・王堯臣《崇文總目》卷二十八載〈茶記二卷〉〔註36〕、《通志》卷六〈藝文略食貨類〉載〈茶記三卷〉〔註37〕、《宋史》卷二〇五〈藝文志農家類〉載〈茶記一卷〉〔註38〕等俱載之。惟清・錢侗《崇文總目輯釋》以爲《茶記》即今本之《茶經》，〔註39〕又清・周中孚《鄭堂讀書記》卷五十云：「崇文目作茶記二卷，皆字之誤也。」〔註40〕然觀《通志》卷六〈藝文略食貨類〉云：「茶經三卷，唐陸羽撰。茶記三卷，陸羽撰。」〔註41〕及《宋史》卷二〇五〈藝文志農家類〉云：「陸羽茶經三卷。又茶記一卷。」〔註42〕皆將《茶經》、《茶記》二者並列，連續而書，恐非《茶經》之誤，當別有所本。陸羽著作等身，而又嗜茶，至元仍見《茶記》著錄，信其有《茶記》一書，惟已亡佚未見流傳。

（二）茶　論

　　唐・陸羽撰。其出處見於封演《封氏聞見記》卷六〈飲茶〉條云：

> 楚人陸鴻漸爲茶論，說茶之功效並煎茶、炙茶之法，造茶具（器）二
> 十四事，以都統籠貯之。遠近傾慕，好事者家藏一副。〔註43〕

上言茶之功效見於《茶經》〈一之源〉，煎茶、炙茶之法見於〈五之煮〉，茶具（器）二十四事見於〈四之器〉，所言與《茶經》均相符，今人張宏庸氏疑《茶論》即《茶經》初稿，或即是《茶經》。〔註44〕

（三）毀茶論

　　唐・陸羽撰。其出處見於封演《封氏聞見記》卷六〈飲茶〉條云：

〔註36〕王堯臣，《崇文總目》（台北，新文豐出版公司，民國74年1月發行）卷二十八，頁554，收入《叢書集成新編》第一冊。

〔註37〕同註25。

〔註38〕脫脫等，前引書，卷二〇五，頁5204。

〔註39〕錢侗，《崇文總目輯釋》（出處同註36）。

〔註40〕周中孚，《鄭堂讀書記》（台灣商務印書館，民國67年8月發行）卷五十，頁999。

〔註41〕同註37。

〔註42〕同註38。

〔註43〕封演，《封氏聞見記》（台北，世界書局，民國52年4月發行）卷六〈飲茶〉，頁46，收入《晉唐劄記》六種。

〔註44〕張宏庸，前引書，頁19。

李季卿宣慰江南，至臨淮縣館，或言（常）伯熊善茶者，李公請爲之……
既到江外，又言（陸）鴻漸能茶者，李公復請爲之，鴻漸身衣野服，
隨茶具而入，既坐，教攤如伯熊故事，李公心鄙之。茶畢，命奴子取
錢三十文，酬煎茶博士。鴻漸遊江介，通狎勝流，及此羞愧，復著毀
茶論。〔註45〕

由此可知，陸羽曾著《毀茶論》，惟未曾傳世，內容如何？不得而知。

（四）茶　歌

唐・陸羽撰。其出處見於皮日休〈茶中雜詠幷序〉云：「昔晉杜育有荈賦，
季疵有茶歌」，〔註46〕可見皮日休曾見陸羽所撰之〈茶歌〉，惜未見流傳。

（五）補茶事

唐・溫從雲、段碣之分撰。其出處見於皮日休〈茶中雜詠幷序〉，云：

余始得季疵書，以爲備矣……後又太原溫從雲、武威段碣之，各補茶
事數十節，並存於方冊。茶之事，由周至於今，竟無纖遺矣！〔註47〕

由此可見，溫從雲、段碣之曾各補茶事十數節，皮日休之時尚存世，今已亡佚。

（六）茶　訣

唐・釋皎然撰。釋皎然，名晝，俗姓謝氏，湖州長城人，靈運十世孫，居
杼山。

〈茶訣〉歷代書目未見著錄，僅見於宋・談鑰《嘉泰吳興志》卷十七中云：
「……又有茶訣一篇」，〔註48〕可見〈茶訣〉至南宋時仍存，今已亡佚。

第二節　茶　詩

一、飲茶與賦詩之關係

據近代科學的分析，茶葉中含有咖啡因的成分，它爲人體所吸收後，即
能刺激中樞神經系統，有提神醒腦、增強思維能力等作用。東漢・華陀〈食

〔註45〕封演，前引書，頁 47。
〔註46〕同註 14。
〔註47〕同上。
〔註48〕談鑰，《嘉泰吳興志》（台北，中國地地研究會，民國 67 年 8 月發行）卷十七，
　　　　頁 6875，收入《宋元地方地叢書》第十一冊。

論〉即言：「苦茶久食，益意思」，〔註 49〕即謂茗飲能增強思維能力，有助於士大夫詩情的激發。

　　唐詩中不乏記載茗飲有助於人賦詩的例子，曹鄴〈故人寄茶〉詩云：「六腑睡神去，數朝詩思清」，〔註 50〕「思清」則有助於吟詩寫作。僧齊已〈嘗茶詩〉亦云：「味擊詩魔亂，香搜睡思輕」，〔註 51〕此即表示人一嚐及茶，文思即如泉湧，禁不住又要作詩。白居易更是一面飲茶一面吟詩，在其〈首夏病間〉詩中云：

　　……況茲孟夏月，清和好時節……移榻樹陰下，竟日何所爲。或飲一

　　甌茗，或吟兩句詩。內無憂患迫，外無職役羈。〔註 52〕

由上述白居易之詩，可知茗飲大有助於詩情的塊發，表露無遺。釋皎然〈飲茶歌誚崔石使君〉詩亦云：

　　一飲滌昏寐，情思爽朗滿天地。再飲清我神，忽如飛雨灑清塵。三飲

　　便得道，何須苦心破煩惱。〔註 53〕

釋皎然嗜茶，與陸羽過從甚密，時相往來。此詩道盡茗飲有清神、滌昏寐等作用，在「情思爽朗」之下，詩潮即如泉湧，源源不斷地湧現。又如盧仝極負盛名的〈七碗茶詩〉云：「……三碗搜枯腸，唯有文章五千卷……。」〔註 54〕即言茗飲之後，遍搜枯腸，詩、文乃不斷湧現。

　　由此述可知，因茶的功效而有助於作詩，乃是不爭的事實；另方面，也因茗飲而豐富了唐詩的內容，更有部分的詩，反映了唐代茶的採、製和飲用方法，這些皆是研究我國茶業發展史的絕佳史料。

二、分　類

　　唐代茶風極盛，故茶事便成爲文人雅士競相吟詠的對象，也因此而豐富

〔註 49〕華陀，〈食論〉（台北，新興書局，民國 58 年 7 月發行）收入宋刻本左圭《百川學海》，頁 767。

〔註 50〕曹鄴，〈故人寄茶〉（台北，明倫出版社，民國 60 年 10 月出版）收入《全唐詩》卷 592，頁 6872。

〔註 51〕僧齊己，〈嘗茶〉（出版社同上）收入《全唐詩》卷八三八，頁 9450。

〔註 52〕白居易，《白氏長慶集》（台灣商務印書館，民國 68 年 11 月發行）卷六首〈夏病間條〉，頁 69，收入《四部叢刊正編》。

〔註 53〕釋皎然，〈飲茶歌誚崔石使君〉（台北，明倫出版社，民國 60 年 10 月出版）卷 821，頁 9260。

〔註 54〕盧仝，〈走筆謝孟諫議寄新茶〉（出版社同上）收入《全唐詩》卷三八八，頁 4379。

了唐詩的內容，這些作品成為我國茶藝文化中極為珍貴的史料，其中許多名詩佳句意境幽遠，發人深省，頗堪吾人再三咀嚼玩味。

中唐以前，詠茶詩極為少見。玄宗開元時，李嶠〈詠物詩〉至百餘首，〔註55〕而無一詠茶。盛唐時，杜甫詩雖夥，間或出現如：「柴荊具茶茗」〔註56〕、「茶瓜留客遲」〔註57〕、「茗飲蔗漿攜所有」〔註58〕等詩句，然無專為詠茶而作。又如李白亦僅有一首詠茶專詩──〈答族姪僧中孚贈玉泉仙人掌茶〉〔註59〕詩，足見中唐以前，飲茶的風尚未普及，故茶詩亦極少見。

然中唐以後，飲茶風氣盛行，「茶為食物，無異米鹽」，〔註60〕飲茶並與文人雅士之唱和活動相結合，詠茶詩至此乃大量湧現。茲將茶詩之種類概述如下：

（一）謝贈茶詩

唐代文士間答謝贈茶之詩頗多，凡事物以類聚，嗜好相同之文士，相互間之往還益見頻繁。謹聊舉二例以說明之。

1. 白居易

白氏亦茶中能手，素嗜茶，曾為詩謝蕭員外及李六郎中寄新蜀茶。其一〈蕭員外寄新蜀茶〉詩云：

> 蜀茶寄到但驚新，渭水煎茶來始覺珍。滿甌似乳堪持玩，況是春深酒渴人。〔註61〕

其二〈謝李六郎中寄新蜀茶〉詩云：

> 故情周匝向交親，新茗分張及病身。紅紙一封書後信，綠芽十片火前春。湯添勺水煎魚眼，末下刀圭攪麴塵。不寄他人先寄我，應緣我是別茶人。〔註62〕

白居易兩位友人所寄皆是新出之蜀茶，乃雅州蒙山（今西康雅安）所產之蒙頂

〔註55〕 李嶠，〈詠物詩〉（出版社同上）收入《全唐詩》卷五九、六○，頁700～722。

〔註56〕 杜甫，〈寄贊上人〉（出版社同上）收入《全唐詩》卷二一八，頁2288。

〔註57〕 杜甫，〈已上人茅齋〉（出版社同上）收入《全唐詩》卷二二四，頁2393。

〔註58〕 杜甫，〈進艇〉（出版社同上）收入《全唐詩》卷二二六，頁2433。

〔註59〕 李白，〈答族姪僧中孚贈玉泉仙人掌茶〉（出版社同上）收入《全唐詩》卷一七八，頁1817～1819。

〔註60〕 劉昫等，前引書，卷一七三〈李珏傳〉，頁4504。

〔註61〕 白居易，《白氏長慶集》（台灣商務印書館，民國68年11月發行）卷十四〈蕭員外寄新蜀茶〉，頁164～165。

〔註62〕 白居易，前引書，卷十六〈謝李六郎中寄新蜀茶〉條，頁196。

茶，故白居易〈琴茶詩〉曾云：「琴裏聞知唯淥水，茶中故舊是蒙山」。〔註63〕蒙頂茶茶質極佳，唐時曾列入上貢。

2. 盧　仝

盧仝有〈走筆謝孟諫議寄新茶〉詩云：

> 日高丈五睡正濃，軍將打門驚周公。口云諫議送書信，自絹斜封三道印。開緘宛見諫議面，手閱月團三百片。聞道新年入山裏，蟄蟲驚動春風起。天子須嘗陽羨茶，百草不敢先開花。仁風暗結珠琲瓃，先春抽出黃金芽。摘鮮焙芳旋封裹，至精至好且不奢。至尊之餘合王公，何事便到山人家。柴門反關無俗客，紗帽籠頭自煎喫。碧雲引風吹不斷，白花浮光凝椀面……。〔註64〕

孟諫議寄贈盧仝這種「至精至好」的陽羨茶（今江蘇宜興出產），盧仝感激萬分，認爲只有王公、貴族合於飲用此茶，他能接到友人寄贈的名茶，眞是受寵若驚。

除上所述，尙有薛能〈謝劉相公寄天柱茶〉、〈蜀州鄭使君寄鳥嘴茶因以贈答八韻〉，〔註65〕李群玉〈答友人寄新茗〉、〈龍山人惠石廩方及團茶〉，〔註66〕僧齊己〈謝澨湖茶〉、〈謝中上人寄茶〉，〔註67〕李咸用〈謝僧寄茶〉，〔註68〕徐夤〈尙書惠蠟面茶〉〔註69〕、盧綸〈新茶咏寄上西川相公二十三舅大夫二十舅〉〔註70〕及柳宗元〈巽上人以竹間自採新茶見贈酬之以詩〉，〔註71〕皆

〔註63〕白居易，前引書，卷五五〈琴茶〉條，頁664。

〔註64〕同註54。

〔註65〕薛能，〈謝劉相公寄天柱茶〉（台北，明倫出版社，民國60年10月出版）收入《全唐詩》卷五六〇，頁6505。
薛能，〈蜀州鄭使君寄鳥嘴茶因以贈答八韻〉（出版社同上）收入《全唐詩》卷五六〇，頁6494。

〔註66〕李群玉，〈答友人寄新茗〉（出版社同上）收入《全唐詩》卷五七〇，頁6611。
李群玉，〈龍山人惠石廩方及團茶〉（出版社同上）收入《全唐詩》卷五六八，頁6579。

〔註67〕僧齊己，〈謝澨湖茶〉（出版社同上）收入《全唐詩》卷八四〇，頁9479。
僧齊己，〈謝中上人寄茶〉（出版社同上）收入《全唐詩》卷八四〇，頁9487。

〔註68〕李咸用，〈謝僧寄茶〉（出版社同上）收入《全唐詩》卷六四四，頁7387。

〔註69〕徐夤，〈尚書惠蠟面茶〉（出版社同上）收入《全唐詩》卷七〇八，頁8153。

〔註70〕盧綸，〈新茶咏寄上西川相公二十三舅大夫二十舅〉（出版社同上）收入《全唐詩》卷二七九，頁3177。

〔註71〕柳宗元，〈巽上人以竹間自採新茶見贈酬之以詩〉（出版社同上）收入《全唐詩》卷三五一，頁3929。

爲詩人間或僧人與俗士間答謝贈茶之詩，除感謝對方厚意外，同時多論及品茶的心得，互磋茶藝。人民對飲茶既難捨斯須，更有主動向人乞茶者，如姚合有〈乞茶詩〉〔註72〕及孟郊有〈憑周況先輩於朝賢乞茶〉〔註73〕等皆是。

（二）頌茶詩

茶之功用既多，一般人即將茶視爲珍品，詩人也慣用「瑞草」、「靈草」、「靈味」、「草中英」……等來形容茶之特質，視其爲天地之精英，特爲文人雅士所喜愛。茲僅略述如下：

1. 鄭愚〈茶詩〉：「嫩芽香且靈，吾謂草中英」。〔註74〕
2. 杜牧〈題茶山在宜興〉：「山實東吳秀，茶稱瑞草魁」。〔註75〕
3. 陸龜蒙〈奉和襲美茶具十詠〉：「天賦識靈草，自然鍾野姿」。〔註76〕
4. 僧齊己〈詠茶十二韻〉：「百草讓爲靈，功先百草成。甘傳天下口，貴占火前名。」。〔註77〕
5. 劉禹錫〈西山蘭若試茶歌〉：「木蘭霑霑香微似，瑤草臨波色不如。僧言靈味宜幽寂，采采翹英爲嘉客。」〔註78〕
6. 韋應物〈喜園中茶生〉：「潔性不可汙，爲飲滌塵煩。此物信靈味，本自出山原。」〔註79〕

（三）茶會或茶宴詩

唐代由於飲茶風氣盛行，故文士以茶會友之情形極爲普遍，好友相聚談論茶事，切磋茶藝，間接地促進了唐代茶藝文化的發展。茲將茶會及茶宴詩略述如下：

1. 茶會詩：錢起有〈過長孫宅與郎上人茶會〉〔註80〕、劉長卿有〈惠福

〔註72〕姚合，〈乞茶詩〉（出版社同上）收入《全唐詩》卷五○○，頁5689。

〔註73〕孟郊，〈憑周況先輩於朝賢乞茶〉（出版社同上）收入《全唐詩》卷三八○，頁4266。

〔註74〕鄭愚，〈茶詩〉（出版社同上）收入《全唐詩》卷五九七，頁6910。

〔註75〕杜牧，〈題茶山在宜興〉（出版社同上）收入《全唐詩》卷五二二，頁5969。

〔註76〕陸龜蒙，〈奉和襲美茶具十詠〉（出版社同上）收入《全唐詩》卷六二○，頁7144。

〔註77〕僧齊己，〈詠茶十二韻〉（出版社同上）收入《全唐詩》卷八四三，頁9523。

〔註78〕劉禹錫，〈西山蘭若試茶歌〉（出版社同上）收入《全唐詩》卷三五六，頁4000。

〔註79〕韋應物，〈喜園中茶生〉（出版社同上）收入《全唐詩》卷一九三，頁1994。

〔註80〕錢起，〈過長孫宅與郎上人茶會〉（出版社同上）收入《全唐詩》卷二三七，頁2627。

寺與陳留諸官茶會〉〔註81〕及武元衡有〈資聖寺貴法師晚春茶會〉〔註82〕等詩。

2. 茶宴詩：錢起有〈與趙莒茶讌〉〔註83〕、鮑君徽有〈東亭茶宴〉〔註84〕、呂溫有〈三月三日茶宴序〉〔註85〕、李嘉祐有〈秋曉招隱寺東峰茶宴送內弟閻伯均歸江州〉〔註86〕，及白居易有〈夜聞賈常州崔湖州茶山境會想羨歡宴因寄此詩〉〔註87〕等詩。

（四）茶役詩

唐代貢茶數量極大，貢茶區域亦廣，役工數量亦多，人民苦於茶役。即以湖州長城縣顧山一地為例，德宗貞元以後，每歲「進奉顧山紫筍茶，役工三萬人，累月方畢。」〔註88〕可見貢茶規模之龐大及役工之眾也。而茶役苦況，袁高〈茶山詩〉〔註89〕、李郢〈茶山貢焙歌〉〔註90〕，及張文規〈湖州貢焙新茶〉〔註91〕等詩，對人民受盡貢茶之苦，均有詳盡且生動的描述。

（五）其　他

1. 雜詠茶詩

晚唐詩人皮日休、陸龜蒙二人皆同有茶癖，陸氏在顧渚山下有私人茶園，以收茶租為生，平日他們二人唱和最多，情誼甚篤，人稱「皮陸」。皮日休有

〔註81〕劉長卿，〈惠福寺與陳留諸官茶會〉（出版社同上）收入《全唐詩》卷一四九，頁 1531。

〔註82〕武元衡，〈資聖寺貴法師晚春茶會〉（出版社同上）收入《全唐詩》卷三一六，頁 3553。

〔註83〕錢起，〈與趙莒茶讌〉（出版社同上）收入《全唐詩》卷二三九，頁 2688。

〔註84〕鮑君徽，東亭茶宴（出版社同上）收入《全唐詩》卷七，頁 69。

〔註85〕呂溫，〈三月三日茶宴序〉（台灣大通書局，民國 68 年 7 月出版）收入《全唐文》卷六二八，頁 8052。

〔註86〕李嘉祐，〈秋曉招隱寺東峯茶宴送內弟閻伯均歸江州〉（台北，明倫出版社，民國 60 年 10 月出版）收入《全唐詩》卷二○七，頁 2165。

〔註87〕白居易，前引書，卷五四「夜聞賈常州崔湖州茶山境會想羨歡宴因寄此詩」條，頁 656。

〔註88〕李吉甫，《元和郡縣圖志》（日本京都，中文出版社，1979 年 4 月發行）卷二十五，頁 338。

〔註89〕袁高，〈茶山詩〉（台北，明倫出版社，民國 60 年 10 月出版）收入《全唐詩》卷三一四，頁 3536。

〔註90〕李郢，〈茶山貢焙歌〉（出版社同上）收入《全唐詩》卷五九○，頁 6846。

〔註91〕張文規，〈湖州貢焙新茶〉出版社同上）收入《全唐詩》卷三六六，頁 4134。

〈茶中雜詠〉詩十首——即茶塢、茶人、茶筍、茶籝、茶舍、茶竈、茶焙、茶鼎、茶甌、煮茶。〔註 92〕陸龜蒙亦不甘示弱，一唱一和，其對答詩爲「奉和襲美茶具十詠」，〔註 93〕所詠之詩目全同，這二十首唱和詩，留予後人研究唐代茶事極爲珍貴的史料。

2. 自抒情懷詩

詩人感情豐富，見景思情，目睹際遇多乖，乃寄情茶酒，自抒情懷。白居易〈琴茶〉詩即是一例：

> 兀兀寄形群動內，陶陶任性一生閒。自拋官後春多醉，不讀書來老更閒。琴裏知聞唯淥水，茶中故舊是蒙山。窮通行止長相伴，誰道吾今無往還。〔註 94〕

白居易，字樂天，太原人。幼聰穎，年二十七即擧進士，性剛直忠諫，爲時人所讒，屢遭貶謫。穆宗長慶四年（824），罷杭州刺史歸洛陽，得故散騎常侍楊憑竹木池館宅第，有林泉之致，即寄情琴茶，每獨酌賦詠於其中，〔註 95〕〈琴茶〉詩即是此時之寫照。

另外，杜牧晚年任刺史職於有「茶鄉」之稱的湖州，有感體弱多病，乃有〈春來茶山病不飲酒因呈賓客〉詩之作：

> 笙歌登畫船，十日清明前。山秀白雲膩，溪光紅粉鮮。欲開未開花，半陰半晴天。誰知病太守，猶得作茶仙。〔註 96〕

杜牧，字牧之，京兆萬年人，卒於宣宗大中六年（852），年五十。晚年體質羸弱，不能飲酒，而以茶代酒，因此才有「誰知病太守，猶得作茶仙」之詩句。

3. 送行詩

有李嘉祐〈秋曉招隱寺東峯茶宴送內弟閻伯均歸江州〉〔註 97〕、皇甫冉〈送陸鴻漸棲霞寺採茶〉〔註 98〕，及釋皎然〈飲茶歌送鄭容〉〔註 99〕等詩。

〔註 92〕 皮日休，〈茶中雜詠〉出版社同上）收入《全唐詩》卷六一一，頁 7053～7057。
〔註 93〕 陸龜蒙，〈奉和襲美茶具十詠〉（出版社同上）收入《全唐詩》六二〇，頁 7144～7171。
〔註 94〕 同註 63。
〔註 95〕 劉昫等，前引書，卷一六六〈白居易傳〉，頁 4354～4357。
〔註 96〕 杜牧，〈春日茶山病不飲酒因呈賓客〉（台北，明倫出版社，民國 60 年 10 月出版）收入《全唐詩》卷五二二，頁 597。
〔註 97〕 同註 86。
〔註 98〕 皇甫冉，〈送陸鴻漸棲霞寺採茶〉（出版社同上）收入《全唐詩》卷二四九，頁 2808。

以上茶詩之分類，僅係其犖犖之大者，當尚有遺漏；惟吾人從其中可概見唐代茶詩量之豐，及所論茶事範圍之廣，亦可反映唐代文士交往之情形及茶風盛行之一斑。

第三節　茶　畫

繪畫除了代表畫家個人的心境外，更重要的是它還足以反映社會的現實生活面，及時代之好尚等。由於唐代飲茶風氣盛行，故某些畫家專以烹茶作爲繪畫的題材，或是偶而將日常生活中的茶事入畫。茲將存世、亡佚及唐以後之茶畫分述如下：

一、存世唐人繪與茶有關之畫

（一）蕭翼賺蘭亭圖

唐・閻立本繪。閻立本，雍州萬年人，高宗顯慶中爲工部尚書，總章元年（668）拜右相，擅繪畫，工於寫眞。著錄於清乾、嘉之際敕編之《石渠寶笈》〔註100〕中，現收藏於台北國立故宮博物院。

本圖左下角一長者左手持茶鐺置於風爐上，右手持茶筴，正在烹茶。對面一茶僮雙手捧附有茶托的茶碗，正等待將烹好的茶，倒入茶碗中，以便驅前奉茶。茶僮右方有一座具列，上置放附有茶托的茶碗一只，碾茶之墮一、粉紅色之茶合或鹺簋一。畫家筆法細膩，表情逼眞，唯妙唯肖，爲世界上僅存最早的茶畫（如附圖一八）。

（二）明皇和樂圖

唐・張萱繪。張萱，京兆人，善畫人物。著錄於《石渠寶笈》續編〔註101〕中，現收藏於台北國立故宮博物院。

本圖右方侍女手捧之茶器有茶碗、茶托、茶合、水注、溫碗、茶盤等，茶盤左下方蓋碗內所盛之物，可能即是茶食。飲用時，先從茶合中，以「則」盛適量之茶末，放入茶托上之碗，然後以水注之水沖瀹，水注下加溫碗，以

〔註99〕釋皎然，〈飲茶歌送鄭容〉（出版社同上）收入《全唐詩》卷八二一，頁9262。
〔註100〕閻立本，〈蕭翼賺蘭亭圖〉（台北，國立故宮博物院，民國60年10月發行）收入《石渠寶笈初編》卷五，頁544。
〔註101〕張萱，〈明皇和樂圖〉（出版社同上）收入《石渠寶笈續篇》，頁1687。

保持水溫。這種飲茶方式，陸羽謂之「痷茶法」〔如附圖一五〕。

（三）宮樂圖

唐人繪，佚名。著錄於故宮書畫錄（編號調一九六 12），〔註102〕現收藏於台北國立故宮博物院。

本圖桌面上正中央置一大茶碗，內盛調好的茶湯。飲用時以長柄木杓分茶，分盛入茶碗中飲用。桌面上還放有羽觴，可知是茶酒並用，這種飲茶方式，適用於人多的聚會上。這幅畫線條優美，設色濃豔，宮女體態豐腴，充分表現出唐代國勢昇升的景象（如附圖二九）。

（四）聽琴啜茶圖

唐·周昉繪。周昉，字仲朗，又字景玄，京兆（今陝西西安）人。生性勤學不倦，善屬文，尤好繪畫。收錄於今人編著之《中國書畫》〔註103〕中，現收藏於美國納爾遜藝術陳列館。

本幅描繪二宮女靜默地聆聽、觀看著另一宮女調琴的神狀，正中間那位宮女正手捧起茶碗啜茶，而右側有一位侍女雙手捧茶碗，正趨前奉茶（如附圖三〇）。

以上係現存的四幅唐代繪畫而與茶事有關者，對於唐人使用的茶器及烹茶、飲茶方法等等茶事的見證，彌足珍貴。

二、唐代茶畫已亡佚者

（一）烹茶士女圖：唐·張萱繪。著錄於《宣和畫譜》〔註104〕中，今佚。

（二）烹茶圖：唐·周昉繪。著錄於《宣和畫譜》〔註105〕中，今佚。

（三）烹茶士女圖：唐·周昉繪。著錄於《宣和畫譜》〔註106〕中，今佚。

上述三幅茶畫，皆著錄於北宋徽宗宣和年間（1119～1125）撰之《宣和畫譜》中，可見這三幅畫在北宋時，尚存於宮廷畫院中。從其中或可看出唐人的飲

〔註102〕唐人，〈宮樂圖〉（台北，國立故宮博物院，民國54年12月發行）收入《故宮書畫錄》卷五，頁32。

〔註103〕周昉，〈聽琴啜茶圖〉（台北，光復書局，民國70年10月出版）收入余城《中國書畫》〈人物畫〉篇第一冊，頁22～23。

〔註104〕張萱，〈烹茶士女圖〉（台北，世界書局，民國51年11月發行）收入《宣和畫譜》卷五，頁158。

〔註105〕周昉，〈烹茶圖〉（出版社同上）收入《宣和畫譜》卷六，頁170。

〔註106〕同上。

茶方式，及其所使用的茶器等等，惜今皆不存。

三、唐代以後之畫家，繪製有關唐代茶人之繪畫（存少佚多）

（一）盧仝烹茶圖

南宋·錢選繪。錢選，霅川人（1239～1301），字舜舉，號清癯老人。南宋理宗景定間鄉貢進士，其畫人物、花鳥、山水，均高超絕俗，亦善書工詩。著錄於《石渠寶笈》續編〔註107〕中。本幅係設色畫，現收藏於台北國立故宮博物院。

盧仝，河南濟源人，自號玉川子，隱居於少室山，博學善詩文。由於生性淡泊，雖屢受朝廷徵召而終不仕。本幅描繪盧仝身著白衫，頭戴紗帽，坐於山崖上之芭蕉下，意悠閒適。右旁置放書籍，左旁則放置茶器（茶碗、茶托、鷘籃、羅合等）、正對面一僕人正在煽火烹茶（茶器有風爐、茶鐺、鐵水壺等），另一人則站立一旁觀看、候茶（如附圖三一）。

（二）盧仝煎茶圖

南宋，劉松年繪。劉松年，錢塘人（1073～1157），南宋孝宗淳熙畫院學生，光宗紹熙年待詔。擅畫山水人物，神氣清妙，時稱絕品。《石渠寶笈》無著錄，現收藏於日本岡田壯郎氏〔註108〕（如附圖三二）。

（三）陸羽烹茶圖

元·趙原繪。著錄於《石渠寶笈》續篇〔註109〕中，題作「趙原」。本幅係水墨畫，現收藏於台北國立故宮博物院。

本幅描繪山中茅屋有一人獨坐（即陸羽），意態悠閒，斜前方有一童子正在烹茶。通幅清朗自然，高雅逸俗（如附圖三三）。

（四）陸羽烹茶圖

明·文徵明繪。文徵明，長洲人（1470～1559），授翰林待詔。性喜畫，師沈周，然不相沿襲。寫花鳥、竹石、氣韻神采；畫山水，粗、細筆並用，

〔註107〕錢選，〈盧仝烹茶圖〉（台北，國立故宮博物院，民國60年10月發行）收入《石渠寶笈續編》，頁1541。

〔註108〕劉松年，〈盧仝煎茶圖〉（台北，成文出版社，民國65年1月出版）收入《唐宋元明名畫大觀》，頁67。

〔註109〕趙原，〈陸羽烹茶圖〉（台北，國立故宮博物院，民國60年10月發行）收入《石渠寶笈續編》，頁519。

門人弟子名噪一名，小楷爲明代之冠。著錄於《石渠寶笈》初編〔註110〕中，亦題作「喬林煮茗」圖。

本幅淡著色畫，描繪陸羽臨泉眺望，身旁一僮子正於竹爐上烹茶，畫成於明世宗嘉靖五年（1526）（如附圖三四）。

（五）玉川（盧仝）煮茶圖

明·丁雲鵬繪。丁雲鵬，明萬曆時休寧人，字南羽，號聖華居士。工詩善畫，尤擅於道釋佛像畫。《石渠寶笈》等書無著錄，本幅收錄於日本《支那名畫寶鑑》〔註111〕（如附圖三五）中。

（六）陸羽著茶經圖

日·佚名，摹清·王鑑繪。著錄於日人撰之《煎茶要覽》〔註112〕中，今佚。本幅上題曰：「春茗雲中碧，寒泉石上青。背眠山寺榻，疎雨著茶經。」下題曰：「橅王鑑畫贊」。本幅日本·小川後樂《煎茶入門》〔註113〕曾收錄（如附圖三六）。

（七）陸羽煎茶圖

五代十國南唐·王齊翰繪。著錄於《宣和畫譜》〔註114〕中，今佚。《宣和畫譜》卷四云：

> 王齊翰，金陵人，事江南偽主李煜爲翰林待詔。畫道釋人物，多思致，好作山林丘壑，隱巖幽卜，無一點朝市風埃氣……今御府所藏一百十有九……陸羽煎茶圖。〔註115〕

明·陳繼儒《書畫史》〔註116〕、王世懋《澹園畫品》〔註117〕及汪砢玉《珊瑚

〔註110〕文徵明，〈陸羽烹茶圖〉（出版社同上）收入《石渠寶笈續編》，頁1127。

〔註111〕丁雲鵬，〈玉川煮茶圖〉（日本東京，大塚巧藝社，昭和11年10月發行）收入《支那名畫寶鑑》，頁567。

〔註112〕日人，〈煎茶要覽〉（桃園，茶學文學出版社，民國74年3月發行）收入張宏庸《陸羽全集》，頁112。

〔註113〕日·小川後樂，〈煎茶入門〉（出版社及出處同上）

〔註114〕王齊翰，〈陸羽煎茶圖〉（台北，世界書局，民國51年11月發行）收入《宣和畫譜》卷四，頁124～128。

〔註115〕同上。

〔註116〕陳繼倫，〈書畫史〉（台北，藝文印書館，民國64年11月發行）收入《美術叢書初集》，第十輯第五冊，頁122。

〔註117〕王世懋，〈澹園畫品〉（台灣商務印書館，民國75年3月發行）收入景印清《文淵閣四庫全書》第八四四冊，清·陸廷燦《續茶經》卷下之六，頁778。

畫據》〔註118〕均曾著錄。

（八）陸鴻漸像

宋・嚴峻繪。著錄於宋・陶穀《清異錄》〔註119〕中，今佚。《清異錄》卷四云：

> 宣城何子華邀客於剖金堂慶新橙，酒半，出嘉陽嚴峻畫陸鴻漸像。子華因言……若此叟者，溺於茗事，將何以名其癖。楊粹仲曰：茶至珍，蓋未離乎草也。草中之甘，無出茶上者，宣追自陸氏為甘草癖。坐客曰：允矣哉！〔註120〕

（九）盧仝烹茶圖

宋人繪，佚名。著錄於《石渠寶笈》三編〔註121〕中。本幅係設色畫，今佚。

（十）陸羽點茶圖

佚名繪。著錄於宋・董逌《廣川畫跋》〔註122〕中，今佚。

董逌記載當時人將作丞周潛取出一幅畫，說這是「蕭翼賺蘭亭敍」圖，但董氏覺得有異，應是描繪陸羽烹茶侍奉智積禪師的故事，故應是「陸羽點茶圖」。〔註123〕

（十一）烹茶圖

南宋・劉松年繪。著錄於《石渠寶笈》三編〔註124〕中。本幅係設色畫，描繪「屋中盧仝擁書坐，赤腳婢治茶具」，今佚。

（十二）陸羽烹茶圖

〔註118〕汪砢玉，〈珊瑚網畫據〉（台北，世界書局，民國51年11月發行）收入《明人畫學論著》，頁223。
〔註119〕陶穀，《清異錄》（台北，新文豐出版公司，民國74年1月發行）卷四，收入《叢書集成新編》第一八六冊，頁356。
〔註120〕同上。
〔註121〕宋人，〈盧仝烹茶圖〉（台北，國立故宮博物院，民國58年12月發行）收入《石渠寶笈三編》，頁1541。
〔註122〕董逌，廣川畫跋（台北，新文豐出版公司，民國74年1月發行）卷之二，收入《叢書集成新編》第五三冊，頁712。
〔註123〕同上。
〔註124〕劉松年，〈烹茶圖〉（台北，國立故宮博物院，民國58年12月發行）收入《石渠寶笈三編》，頁905。

元‧張以寧繪。著錄於日本‧諸岡存《茶經評釋外篇》〔註 125〕中，今佚。
僅存詩曰：

閱罷茶經坐石苔，惠山新汲入瓷杯。高人慣識人間味，笑看江心取
水來。〔註 126〕

（十三）陸羽烹茶圖

明‧唐寅繪。著錄於明‧喻政《茶集》〔註 127〕中，今佚。

（十四）盧仝烹茶圖

作者不詳，著錄於明‧汪砢玉《珊瑚網》〔註 128〕中，今佚。

〔註 125〕日‧諸岡存，《茶經評釋外篇》（日本東京、茶業組合中央會議所，1941 年出版）頁 24。
〔註 126〕同上。
〔註 127〕喻政，《茶集》（桃園，茶學文學出版社，民國 74 年 3 月發行）收入張宏庸《陸羽全集》，頁 111。
〔註 128〕汪砢玉，《珊瑚網》（台灣商務印書館，民國 75 年 3 月發行）水入景印清《文淵閣四庫全書》第八四四冊，清‧陸廷燦《續茶經》卷下之六，頁 778。

第七章 結 論

　　唐代茶業包含之範圍極廣，其間值得研究之問題，林林總總，已略論如上。其中不乏爲史料所囿，無法盡窺其全貌者，仍待吾人加以研究，以期探求出其原委，明其眞象。然其中亦有諸多爲吾人所能解、所能答之問題，茲於終篇之際，謹扼要總結如下：

　　一、唐以前雖無「茶」字，然自漢、魏以來，已出現「陟嫁反」（即今ㄓㄚ音）、「眞加反」（即今ㄓㄚ音）、「丈加反」（即今ㄓㄚ音）及「除加切」（即今ㄔㄚ音）等具體而微之「茶」（ㄔㄚˊ音）雛形，中唐以後「茶」音始正式確立。唐以前，代表「茶」義輒以「荼」字出之，而「荼」一字更有多義（如指苦菜、茅秀、虎杖、委葉及茶等）。由於中國古籍上無「茶」字，故某些特定之「荼」是否指「茶」，歷來即爲各界爭議之焦點，亦影響到對中國茶之起源等問題之探討。唐以前雖無「茶」字，然已有明確之茶義，東晉・郭璞注《爾雅》即是一例。在「茶」字未出現前，咤（詫）、檟、蔎、茗、荈、苦荼……等，皆爲茶之異名。「荼字自中唐始變作茶」，[註1] 其原因除受「陸羽茶經、盧仝茶歌、趙贊茶禁」[註2] 等之影響外，與自中唐以後，飲茶風氣極盛，人民對茶之生態、特徵及其形、音、義等三方面，已有普遍的認識，不無關係。

　　二、茗飲自古以來即爲中國人所喜好，茶風極盛自必有其獨具吸引力之處，亦即有其獨特之功用，始能廣爲大眾所接受。至其成分，由於古代未有精密之科學儀器與知識，無從得知。然據今人以科學研究分析，知其含有茶

〔註1〕顧炎武，《日知錄》（台北，世界書局，民國73年11月出版）卷七茶，頁171。
〔註2〕魏了翁，《邛州先茶記》（台灣商務印書館，民國68年11月發行）收入四部叢刊正篇《鶴山先生大全文集》，頁413。

素（即咖啡因）、鞣酸（即單寧酸）、維生素（如維他命 A、B2、C、D……）、無機鹽類（如錳、氟、鉀、鎂、鈉、碘、矽酸、磷酸、氧化鐵……）、炭水化合物、芳香油、茶色素（即葉綠素）等成分，皆爲人體生理上所不可或缺之元素，它具有促進血液循環、利尿、清除疲勞、提神、醒腦、少眠、增強視力、解酒、去毒、殺菌、強心、助消化、解熱、治頭痛、止渴、防治壞血病等功能，〔註3〕確屬益多害少之物。然茶效固大，並非盡無害處，茶之性寒，「久食，令人瘦，去人脂，使不睡。」〔註4〕故有寒疾或身虛弱者，不宜多飲。

三、飲茶在中國歷史悠久，其初期並不普及，僅流行於上層社中，中唐以後，始風行於全國。茶除供烹飲外，尚有和以茶爲食者。如《資治通鑑》卷二一九〈唐紀〉載肅宗至德二年（757）七月，安祿山叛軍圍攻睢陽（今河南商邱），張巡、許遠死守睢陽城，寡不敵衆，糧盡援絕，將士終「雜以茶、紙、樹皮爲食」。〔註5〕由此觀之，當時若非飲茶風氣盛行，軍中不可能貯有如此多的茶。唐代茶風極盛，究其原因，約有如下四點：（一）交通發達，運銷便捷。（二）受陸羽及其他飲茶集團之鼓吹（三）僧道生活之影響。（四）製茶方法，日漸改良。由上述四個主要原因，因而促成全國茶風極盛，甚至在某些地區（如長安、洛陽及今湖北、四川一帶）已形成「比屋之飲」，〔註6〕茶道大行。由於飲茶人口日漸增多，瓷製茶器皿廣泛地被使用，間接地促成唐代製瓷業的發達，窰場林立，幾乎遍及全國，爲後代奠定了製瓷業發展的基礎。由於所生產之瓷器，精美、實用、馳名中外，並曾大量外銷，深受國外人士所喜愛。

四、茶之生長環境，有其他域性之限制。一般而言，以高溫多溼、土質疏鬆及排水良好之丘陵地爲佳，故在我國大致產於淮河以南之亞熱帶地區，而以今秦嶺、淮河爲其最北界線。唐人有豐富的種茶經驗與技術，故唐代茶產區遼闊，約遍及五十多州郡，相當於今十三個省分。韓鄂《四時纂要》保存了唐代種茶的經驗與方法，是我國極爲珍貴的種茶史料，並影響及於後代，

〔註3〕日·佐伯富，《茶と歷史》（台大歷史學研究所，民國64年10月發行）收入《史原》第六期，頁9～10。
〔註4〕陳藏器，《本草拾遺》（台灣商務印書館，民國68年11月發行）四部叢刊子部《重脩政和經史證類本草》，卷十三，頁342。
〔註5〕見司馬光，《資治通鑑》（台北，世界書局，民國68年5月出版）卷二一九〈唐紀〉三十五，頁7027、7029。
〔註6〕陸羽，《茶經》（台北，新興書局，民國58年7月發行）卷下六之飲，收入宋刻本左圭《百川學海》，頁761。

至今仍有其實用的價值。自隋開鑿運河以後，唐代茶貨之運銷，更形便捷；加以唐代驛站設施完善，驛制健全，及內陸險阻之開闢，因而江淮一帶之茶貨，乃能源源不絕迅速地運往國內各地，並傳播至域外諸國。至其交易方式，國內仍不脫「錢帛兼行」制，國外則採「以茶博馬」或「以物易物」等方式，其中茶馬互市甚且成為唐以後各朝極重要的藉茶與外族盛產之馬貿易，另收羈縻、懷柔之效。

　　五、中唐以前，政府未獨立以「茶」之名目徵稅，這一點是可以肯定的，惟從種種資料顯示，中唐以前，茶確曾併於其他貨物中徵收商稅，可惜史料中未詳記載，致使後人對於唐代茶稅之徵收，源於何時？議論紛紛，迄無定論。至於唐代正式以「茶」之名目立法徵收，則應始於德宗建中三年（782）九月戶部侍郎趙贊所立之稅茶法，規定茶戶除繳十分之一的產地稅外，販易商人尚須繳五十分之一的通過稅，〔註7〕乃係重複課稅，實行年餘，即作罷。德宗貞元八年（792）張滂復行稅茶，年得茶稅四十萬貫，與貞元十年（794）〔註8〕陸贄上奏〈均節賦稅恤百姓第五〉篇所言：「歲得五十萬貫」〔註9〕相近。其後歷經順宗、憲宗，仍沿襲此種稅茶方式，惟除中央政府徵收外，地方州縣及藩鎮亦擅行置店徵收，茶稅之重，可想而知，憲宗曾一度禁止之，然其效不彰。尤其唐末藩鎮擅行置邸店徵收茶稅，並掠奪百姓茶山之利，影響國家財源甚鉅，其用以壯大自己，抗命中央之資，唐末國力因之更為薄弱，國家命脈不絕如縷，以致大唐政權亡於藩鎮之手。憲宗元和時，李巽為鹽鐵使，「天下糶鹽、稅茶、其贏六百六十五萬緡。」〔註10〕其中茶稅多少？不得而知，惟可以肯定它比鹽少。至文宗時，王涯一度倡行「榷茶法」，實施官營專賣制，結果民怨沸騰，實行月餘即罷。宣宗大中六年（852）五月，鹽鐵轉運使裴休釐革橫稅，奏立稅茶法十二條，嚴禁藩鎮擅稅茶商，及禁止走私，茶稅收入因之激增，「茶錢，（宣宗）大中中六十萬三千三百七十緡九十七文」。〔註11〕由於裴休所立之稅茶法，

〔註7〕　通過稅一名貨物稅，亦即清代所徵收之釐金。

〔註8〕　見清・丁晏，《陸宣公年譜》（台北，世界書局，民國71年11月出版）頁12，收入《翰苑集注》。

〔註9〕　陸贄，《陸宣公奏議》（台北，世界書局，民國71年11月出版）卷十二〈中書奏議第五〉，頁157。

〔註10〕　歐陽修、宋祁，《新唐書》（台北，鼎文書局，民國74年2月發行）卷五四〈食貨志〉，頁1379。

〔註11〕　見宋・呂夏卿，《唐書直筆》（台灣商務印書館，民國75年3月發行）卷四，收入景印清《文淵閣四庫全書》第六八五冊，頁736。

條理精詳，迄唐末朱溫篡唐，未聞有任何變動。

唐代所施行之財政措施中，與民生息息相關且有切膚之痛者，除茶稅外，尚有貢茶之負擔。貢茶，乃另一種形式之茶稅，由唐人（如袁高、李郢）之詩文中，可知人民爲了貢茶深受其擾，苦不堪言；爲此荒廢農事，影響民生者所在多有，更有爲避茶役而舉家逃亡者，茶役之重，於此可見一斑。然而，在位者不知體恤茶農之處境，貢茶如故，貢茶範圍擴大，貢茶數量激增，役工動輒成千上萬，官府日日催逼，急如星火，人民乃不得不日以繼夜地趕製，手腳皆起厚繭，形體日漸枯槁，眞叫人不忍卒聞。宋人趙明誠曾對之提出嚴厲的批評，以爲當代及後世在位者誡。

六、爲茶著書，始於我國；我國之有茶書，始見於唐。唐朝是我國茶業和茶葉生產技術，極爲發達的時代，它是一個具有承先啓後的時代，當時引起整個社會對茶普遍的重視，陸羽爲因應當時社會之需要，乃親歷茶事，廣作調查，博採群書，完成中國也是世界上第一部茶書。〔註12〕我國不但是世界上最早撰寫茶書的國家，也是茶書最多的國家，惟歷經人禍天災（如戰火、變亂、水患、震災……等），在古人不善保藏典籍之情況下，散佚極爲嚴重。即以唐朝爲例，存世和著錄的茶書，共有十五種，實際上不止此數。目前比較完整地保存下來的茶書，只有陸羽《茶經》和張又新《煎茶水記》二種，其餘或佚、或殘、或譌誤，尚待吾人加以綴集、考證，冀得其眞。由現存唐代的茶書史料，是無法盡窺唐代的茶業及其生產的實際情況，吾人所能理解的往往低於實際之情況，這是勿庸置疑的，故爲求了解唐代茶業發展的實際歷史情況，仍待吾人繼續努力。

茶中因含有茶素（即咖啡因）成分，它是一種興奮劑，故飲茶具有提神醒腦及增強思維能力等作用，對詩情之抉發，大有助益。中唐大詩人白居易即是一面飲茶，一面吟詩的最好例子，白氏在其〈首夏病間〉詩中云：「或飲一甌茗，或吟兩句詩」，〔註13〕即是說明飲茶與賦詩有極密切之關係。又唐代文士常與志同道合之權貴、高僧及隱士等，時相酬酢往來，品茗宴聚，吟詩遣興，其樂也融融。吾人從《全唐詩》所綴集之賦詩聯句中，〔註14〕可知他

〔註12〕陳祖槼、朱自振，《中國茶葉歷史資料選輯》（北京，新華書店，1981年11月發行）頁1～2。

〔註13〕白居易，《白氏長慶集》（台灣商務印書館，民國54年8月發行）卷六〈首夏病間〉，頁31，收入《四部叢刊初編集》部第四一冊。

〔註14〕清聖祖御定，《全唐詩》（台北，明倫出版社，民國60年10月發行）卷七八

們藉啜茶而輪囑詩句，無形中形成許多小型的飲茶集團，另方面正可說明因茶的功效而有助於他們為文賦詩。〔註15〕唐詩中，茶詩所佔之比重，頗亦可觀，據筆者整理歸類，約略可分為：（一）謝贈茶詩；（二）頌茶詩；（三）茶會及茶宴（讌）詩；（四）茶役詩。（五）其他（如雜詠茶詩、自抒情懷詩、送行詩……）等數類，茶詩之作殷富，可供吾人研究之用。

　　每一時代之好尚、喜惡，往往反映於詩文或字畫中，唐亦不例外。當時國內風行飲茶，其烹飲方法及其所使用之茶器等等，皆可從唐人存世之茶畫中，略窺一二。如從唐人「蕭翼賺蘭亭圖」（如附圖一八）中，即可看出唐人所使用之茶器有風爐、茶筴、茶碗、茶托、具列、碾、墮、茶合（或鹺簋）……等。又如從張萱「明皇和樂圖」（如附圖一五）中，很明顯地可看出唐人流行使用「痷茶」法，即將茶末置於茶托上之碗中，以水注注水沖痷之，與陸羽所言「痷茶」法〔註16〕正一。由此可見，唐代之茶畫，正可佐證唐代之種種茶事，將其視為極珍貴的直接史料，亦不為過。惟唐代茶畫存少佚多，時有孤證之惑，是其大憾也。

　　總之，中國之茶藝文化歷史悠久，存世茶事史料宏富，世無其匹，睥睨全球。世界各國有關「茶飲」一事，自古以來，或多或少受到中國的影響，稱中國為「飲茶的母邦」絲毫不為過。而中國飲茶風氣的盛行，則始自唐代，並已傳播至域外四鄰諸國，倍受各國所喜愛。飲茶一事，在中國文化史上佔有極重要的地位，也是中國傳統文化的一環，在今日西風東漸之「咖啡文化」逐漸佔優勢，而傳統的「茶藝文化」日漸式微之際，如何復興中國傳統的茶藝文化，頗值得吾人加以重視和研究的課題。

　　八～七九四，頁 8879～8941。

〔註15〕此觀點乃民國七十六年，筆者於中國歷史學會中古史組分組報告時，師大教授李樹桐所提示，謹誌謝忱。

〔註16〕同註 6。

參考書目

壹、重要史料

1. 《說文解字詁林》，十五卷，景印楊家駱先生藏本，丁福保、仲祜，台灣商務印書館發行（不著出版年、月、日）。
2. 《陸宣公年譜》，全一卷，丁晏，台北，世界書局，民國 71 年 11 月出版。
3. 《尚書孔傳》，十三卷，據相臺岳氏家塾本校刊，四部備要，孔安國，台灣中華書局，民國 55 年 3 月發行。
4. 《冊府元龜》，一千卷，明崇禎十五（1642）年刻本，王欽若等，台北，大化書局，民國 73 年 10 月印行。
5. 《唐會要》，一百卷，王溥，台北，世界書局，民國 71 年 12 月出版。
6. 《困學紀聞》，二十卷，王應麟，中國子學名著集成編印基金會，民國 67 年 12 月印行。
7. 《元豐九域志》，十卷，王存，台北，文海出版社，民國 69 年 5 月出版。
8. 《茶酒論》，全一卷，敦煌殘卷手鈔本，王敷，台北，新文豐出版公司，民國 74 年 9 月出版。
9. 《崇文總目》，六十六卷，叢書集成新編，王堯臣等，台北，新文豐出版公司，民國 74 年 1 月發行。
10. 《三才圖會》，一百六卷，明萬曆三十五年刊本，王圻，台北，成文出版社，民國 59 年出版。
11. 《元稹集》，六十卷附外集八卷，四部刊要，元稹，台北，漢京文化事業有限公司，民國 72 年 10 月出版。
12. 《史記》，一百三十卷，司馬遷，台北，鼎文書局，民國 75 年 3 月出版。
13. 《凡將篇》，叢書集成三編，黃氏逸書考第八九種，司馬相如，台北，藝

文印書館，民國 66 年印行。

14. 《資治通鑑》，二百九十四卷，司馬光，台北，世界書局，民國 68 年 5 月出版。

15. 《清·文淵閣四庫全書》，一五〇〇冊，永瑢、紀昀等，台灣商務印書館，民國 75 年 3 月景印發行。

16. 《白氏長慶集》，七十一卷，景印日本翻宋大字本，四部叢書刊正篇，白居易，台灣商務印書館，民國 68 年 11 月發行。

17. 《爾雅注疏》，十卷，據阮刻本，四部備要，邢昺，台灣中華書局，民國 55 年 3 月發行。

18. 《宣和畫譜》，二十卷，宋宣和間官修，台北，世界書局，民國 51 年 11 月發行。

19. 《唐國史補》，三卷，李肇，台北，世界書局，民國 67 年 10 月出版。

20. 《元和郡縣圖志》，四十卷，李吉甫，日本京都，中文出版社，1979 年 4 月發行。

21. 《文苑英華》，一千卷，據宋刊本殘卷及明閩本重編，李昉等，台北，大化書局，民國 74 年 5 月印行。

22. 《太平廣記》，五百卷，李昉等，台北，古新書局，民國 69 年 1 月出版。

23. 《南嶽小錄》，一卷，藝海珠塵本，李沖昭，台北，藝文印書館，民國 54 年－59 年印行（百部叢書集成之三五）。

24. 《資暇集》，三卷，叢書集成新編，李匡乂，台北，新文豐出版公司，民國 74 年元月印行。

25. 《本草綱目》，五十二卷，李時珍，台北，鼎文書局，民國 62 年 9 月出版。

26. 《南越筆記》，十六卷，函海本，李調元，台北，藝文印書館，民國 54 年－59 年印行（百部叢書集成之三七）。

27. 《唐書直筆》，四卷，清·文淵閣四庫全書本，呂夏卿，台灣商務印書館，民國 75 年 3 月發行。

28. 《通典》，二百卷，十通第一種，杜佑，台灣商務印書館，民國 76 年 12 月發行。

29. 《樊川文集》，二十卷，杜牧，台北，漢京文化事業有限公司，民國 72 年 11 月出版。

30. 《珊瑚網畫據》，一卷，汪砢玉，明人畫學論著（下冊），台北，世界書局，民國 51 年 11 月發行。

31. 《唐才子傳》，十卷，辛文房，台北，世界書局，民國 74 年 11 月出版。

32. 《植物名實圖考》，三十八卷，吳其濬，台南，北一出版社，民國 63 年

5 月出版。

33. 《晉書》，一百三十卷，房玄齡，台北，鼎文書局，民國 76 年 5 月出版。

34. 《泰山志》，二十卷，十二冊，清光緒二十四年補刊本，金榮，現藏於中央研究院史語所。

35. 《鄭堂讀書記》，七十一卷，周中孚，人人文庫，台灣商務印書館，民國 67 年 8 月發行。

36. 《封氏聞見記》，十卷，封演，台北，世界書局，民國 52 年 4 月出版。

37. 《欽定四庫全書存目》，十卷，清乾隆五十八年刊本，書目類編第七、八冊，胡虔，台北，成文出版社，民國 67 年 7 月出版。

38. 《書玄秘塔碑銘》，柳公權，台北，學海出版社，民國 66 年 9 月出版。

39. 《文獻通考》，三百四十八卷，十通第十二冊，馬端臨，台灣商務印書館，民國 76 年 12 月發行。

40. 《東齋記事》，五卷附補遺一卷，叢書集成新編，范鎮，台北，新文豐出版公司，民國 74 年 1 月發行。

41. 《漢書》，一百卷，班固，台北，鼎文書局，民國 75 年 10 月出版。

42. 《尚書今古文注疏》，三十卷，孫星衍，台北，文津出版社，民國 76 年 9 月出版。

43. 《登科記考》，三十卷，徐松，台北，驚聲文物供應公司，民國 61 年 3 月印行。

44. 《爾雅義疏》，三卷，據家刻足本校刊，四部備要，郝懿行，台灣中華書局，民國 55 年 3 月發行。

45. 《重修政和經史證類本草》，三十卷，金泰和刊本，唐慎微，台灣商務印書館，民國 68 年 11 月發行。

46. 《郡齋讀書志》，七卷，晁公武，台灣商務印書館，民國 67 年 1 月發行。

47. 《爾雅郭注》，十一卷，據永懷堂本校刊，四部備要，郭璞，台灣中華書局，民國 55 年 3 月發行。

48. 《爾雅音圖》，三卷，郭璞撰、清·孫星衍校、姚之麟摹繪，台北，廣文書局，民國 70 年 12 月發行。

49. 《說文解字》，十五卷，宋刊本，四部叢刊正篇，許慎，台灣商務印書館，民國 68 年 11 月發行。

50. 《國語（解）》，二十一卷，明金李校刊本，四部叢刊正篇，韋昭，台灣商務印書館，民國 68 年 11 月發行。

51. 《緯略》，十二卷，筆記三篇，高似孫，台北，廣文書局，民國 59 年 12 月發行。

52. 《古文苑》，二十一卷，常熟瞿氏藏宋本，四部叢刊集部，唐人編，台灣

商務印書館，民國 68 年 11 月發行。

53. 《華陽國志》，十二卷，據漢魏叢書本校刊，四部備要，常璩，台灣中華書局，民國 55 年 3 月發行。

54. 《陸宣公奏議》，陸贄，台北，世界書局，民國 71 年 11 月出版。

55. 《茶經》，三卷，宋刻本，陸羽，台北，新興書局，民國 58 年 7 月發行。

56. 《續茶經》，四卷，清・文淵閣四庫全書本，陸廷燦，台灣商務印書館，民國 75 年 3 月發行。

57. 《尚書釋音》，二卷，叢書集成新編，陸德明，台北，新文豐出版公司，民國 74 年 1 月發行。

58. 《經典釋文》，三十卷，通志堂刊本，四部叢刊正編，陸德明，台灣商務印書館，民國 68 年 11 月發行。

59. 《唐文拾遺》，七十二卷，附續拾遺十六卷，陸心源，台北，文海出版社，民國 68 年 9 月出版。

60. 《曲江集》，十二卷，據祠堂本校刊，四部備要，張九齡，台灣中華書局，民國 55 年 3 月發行。

61. 《三國志》，六十五卷，陳壽，台北，鼎文書局，民國 76 年 5 月出版。

62. 《直齋書錄解題》，二十二卷，陳振孫，台灣商務印書館，民國 67 年 5 月發行。

63 《古今圖書集成》，一萬卷，目錄四十卷，陳夢雷，台北，鼎文書局，民國 74 年 4 月發行。

64. 《書畫史》，一卷，美術叢書初集，第十輯第五冊，陳繼儒，台北，藝文印書館，民國 64 年 11 月發行。

65. 《後山集》，二十四卷，陳師道，清・文淵閣四庫全書，民國 75 年 3 月發行。

66. 《宋史》，四百九十六卷，脫脫等，台北，鼎文書局，民國 72 年 11 月發行。

67. 《清異錄》，四卷，叢書集成新編，陶穀，台北，新文豐出版公司，民國 74 年 1 月發行。

68. 《說郛》，一百卷，據明鈔本，涵芬樓藏板，陶宗儀，台灣商務印書館，民國 61 年 12 月發行。

69. 《本草衍義》，二十卷，叢書集成新編，寇宗奭，台北，新文豐出版公司，民國 74 年 1 月發行。

70. 《全唐詩》，九百卷，清聖祖御定，台北，明倫出版社，民國 60 年 10 月出版。

71. 《續通典》，一百五十卷，十通第二種，清高宗敕撰，台灣商務印書館，

民國 76 年 12 月發行。

72. 《石渠寶笈（含續編、三編）》，清高宗、仁宗敕編，國立故宮博物院，民國 58 年 12 月－60 年 10 月發行。

73. 《全唐文》，一千卷，清仁宗敕製，台灣大通書局，民國 68 年 7 月出版。

74. 《演繁露》，十六卷附續集六卷，叢書集成新編，程大昌，台北，新文豐出版公司，民國 74 年 1 月發行。

75. 《方言》，十三卷，宋刻本，揚雄，台北，新興書局，民國 58 年 7 月發行。

76. 《洛陽伽藍記》，五卷，楊衒之，台北，正文書局，民國 71 年 9 月發行。

77. 《臆乘》，一卷，說郛本，楊伯嵒，台灣商務印書館，民國 61 年 12 月發行。

78. 《膳夫經》，全一卷，宛委別藏，楊煜，台灣商務印書館，民國 70 年 10 月發行。

79. 《齊民要術》，十卷，據學津討原本校刊，四部備要，賈思勰，台灣中華書局，民國 55 年 3 月發行。

80. 《廣川畫跋》，六卷，叢書集成新編，董逌，台北，新文豐出版公司，民國 74 年 1 月發行。

81. 《北堂書鈔》，一百六十卷，清·文淵閣四庫全書本，虞世南，台灣商務印書館，民國 75 年 3 月出版。

82. 《因話錄》，六卷，趙璘，台北，世界書局，民國 67 年 10 月出版。

83. 《金石錄》，三十卷，趙明誠，海鹽張氏涉園藏呂無黨手鈔本，四部叢刊廣編，台灣商務印書館，民國 70 年 2 月發行。

84. 《蠻書》，十卷，樊綽，台北，鼎文書局，民國 61 年 8 月出版。

85. 《大唐新語》，十三卷，叢書集成新編，劉肅，台北，新文豐出版公司，民國 74 年 1 月發行。

86. 《舊唐書》，二百卷，劉昫等，台北，鼎文書局，民國 74 年 3 月出版。

87. 《新唐書》，二百二十五卷，歐陽修、宋祁，台北，鼎文書局，民國 74 年 2 月發行。

88. 《太平寰宇記》，二百卷，另補闕一冊，樂史，台北，文海出版社，民國 69 年 5 月出版。

89. 《毛詩鄭箋》，二十卷，據相臺岳氏家塾本校刊，四部備要，鄭玄，台灣中華書局，民國 55 年 3 月發行。

90. 《儀禮鄭注》，十七卷，據永懷堂本校刊，四部備要，鄭玄，台灣中華書局，民國 55 年 3 月發行。

91. 《周禮鄭注》，四十二卷，據永懷堂本校刊，四部備要，鄭玄，台灣中華

書局，民國 55 年 3 月發行。

92. 《通志》，二百卷，十通第四種，鄭樵，台灣商務印書館，民國 76 年 12 月發行。

93. 《藝文類聚》，一百卷，歐陽詢，台北，文光出版社，民國 63 年 8 月發行。

94. 《茶具圖贊》，全一卷，審安老人，台北，世界書局，民國 72 年 10 月出版。

95. 《記纂淵海》，一百卷，明萬曆己卯年刻本，潘自牧，台北，新興書局，民國 61 年 1 月印行。

96. 《嘉泰吳興志》，二十卷，南林劉氏嘉業堂刊本，談鑰，台北，中國地志研究會，民國 67 年 8 月出版。

97. 《盧仝集》，三卷，畿輔叢書本，盧仝，台灣商務印書館，民國 55 年 3 月發行。

98. 《南部新書》，十卷，學津討原本，錢易，台北，藝文印書館，民國 54 年－59 年印行（百部叢書集成之四十六）。

99. 《崇文總目輯釋》，叢書集成新編，錢侗，台北，新文豐出版公司，民國 74 年 1 月發行。

100. 《文選》（唐·李善注），六十卷，蕭統，台北，文津出版社，民國 76 年 7 月出版。

101. 《顏氏家訓》，七卷，四部刊要，顏之推，台北，漢京文化事業有限公司，民國 72 年 9 月出版。

102. 《匡謬正俗》，八卷，顏師古，台北，世界書局，民國 52 年 4 月出版。

103. 《隋書》，八十五卷，魏徵等，台北，鼎文書局，民國 76 年 5 月出版。

104. 《四時纂要》，五卷，據明萬曆十八年朝鮮慶尚左兵營刊本，韓鄂，台北，藝文印書館，民國 59 年印行。

105. 《鶴山先生大全文集》，一百十卷，宋刊本，四部叢刊正篇，魏了翁，台灣商務印書館，民國 68 年 11 月發行。

106. 《茶解》，見中國茶葉歷史資料選輯，羅廩，北京，新華書店，1981 年 11 月發行。

107. 《欒城集》，八十四卷，據明刻本校刊，四部備要，蘇轍，台灣中華書局，民國 55 年 3 月發行。

108. 《景德傳燈錄》，三十卷，景印常熟瞿氏鐵琴銅劍樓藏宋刻本，四部叢刊續編，釋道原，台灣商務印書館，民國 65 年 6 月發行。

109. 《玉篇》，據小學彙函本校刊，四部備要，顧野王（希馮），台灣中華書局，民國 55 年 3 月發行。

110. 《日知錄》，三十卷，顧炎武，台北，世界書局，民國 73 年 11 月出版。

111. 《求古錄》，一卷，清·文淵閣四庫全書本，顧炎武，台灣商務印書館，民國 75 年 3 月發行。

112. 《唐韻正》，二十卷，清·文淵閣四庫全書本，顧炎武，台灣商務印書館，民國 75 年 3 月發行。

貳、一般論著

一、中　文

（一）專　書

1. 《飲茶漫談》，力新，台北國家出版社，民國 72 年 4 月發行，201 頁。

2. 《中西交通史》，全五冊，方豪，台北，中華大典編印會，民國 55 年 3 月發行。

3. 《隋唐史》，王壽南，台北，三民書局，民國 75 年 12 月出版，881 頁。

4. 《中國營業稅史》，王坤一，台灣商務印書館，民國 60 年 4 月發行，88 頁。

5. 《中國商業史》，王孝通，台灣商務印書館，民國 70 年 3 月發行，323 頁。

6. 《茶詩與茶詞》，白牧，台北，常春樹書坊，民國 73 年 12 月出版，299 頁。

7. 《唐末帝國與運河》，全漢昇，國立中央研究院歷史語言研究所專刊，商務印書館，民 13 年 11 月發行，127 頁

8. 《中古自然經濟》，全漢昇，國立中央研究院歷史語言研究所集刊第十本，商務印書館，民 30 年發行，141 頁。

9. 《北宋茶之生產與經營》，朱重聖，台灣學生書局，民國 74 年 12 月出版，400 頁。

10. 《茶史茶典》，朱小凡，台北，世界文物出版社，民國 71 年 4 月出版，239 頁。

11. 《隋唐史》，岑仲勉，不著出版社，681 頁。

12. 《隋唐五代史》，呂思勉，台北，里仁書局，民國 66 年 12 月發行，2148 頁。

13. 《魏晉南北朝隋唐經濟史稿》，李劍農，台北，華世出版社，民國 70 年 12 月發行，317 頁。

14. 《泉州與我國中古的海上交通》，李東華，台灣學生書局，民國 75 年 1 月出版，310 頁。

15. 《中國財政史》，周伯棣，上海人民出版社，1981 年出版。

16. 《茶經》，吳智和撰述，金楓出版有限公司，1987 年 1 月印行，253 頁。

17. 《中國稅制史》，吳兆莘，台灣商務印書館，民國 71 年 11 月發行，469 頁。

18. 《詩經詮釋》，屈萬里，台北，聯經出版事業公司，民國 75 年 8 月出版，631 頁。

19. 《茶事茶話》，郁愚，台北，世界文物出版社，民國 71 年 6 月出版，195 頁。

20. 《茶事春秋》，郁愚，台北，世界文物出版社，民國 71 年 12 月出版，227 頁。

21. 《陸羽全集》，張宏庸，桃園，茶學文學出版社，民國 74 年 3 月發行，133 頁。

22. 《陸羽書錄》，張宏庸，桃園，茶學文學出版社，民國 74 年 5 月發行（下同），171 頁。

23. 《陸羽圖錄》，234 頁。

24. 《陸羽研究資料彙編》142 頁。

25. 《茶藝》，張宏庸，台北，幼獅文化事業公司，民國 76 年 5 月出版，159 頁。

26. 《茶的歷史》，張宏庸，桃園，茶學文學出版社，民國 76 年 3 月發行，160 頁。

27. 《茶學漫話》，張鐵君，台北，阿爾泰山出版社，民國 71 年 5 月出版，195 頁。

28. 《唐五代賦役史草》，張澤咸，北京，中華書局，1986 年 10 月出版，498 頁。

29. 《詩經中的經濟植物》，耿煊，台灣商務印書館，民國 63 年 10 月發行，76 頁。

30. 《元白詩箋證稿》，陳寅恪，台北，世界書局，民國 64 年 3 月出版，345 頁。

31. 《唐代政治史述論稿》，陳寅恪，台北，樂天出版社，民國 61 年 3 月發行，116 頁。

32. 《茶業通史》，陳椽，北京，新華書店，1984 年 5 月發行，514 頁。

33. 《中國茶葉歷史資料選輯》，陳祖槼、朱自振，北京，新華書店，1981 年 11 月發行，665 頁。

34. 《茶的品飲藝術》，陳文懷，台北，時報文化出版企業有限公司，民國 76 年 11 月出版，231 頁。

35. 《茶典》，陳香，台北，國家出版社，民國 72 年 9 月發行，255 頁。

36. 《唐代經濟史》，陶希聖、鞠清遠，台灣商務印書館，民國 68 年 12 月發行，184 頁。

37. 《文徵明畫系年》，全二冊，江兆申（解說），中華民國國立故宮博物院編纂，日本東京，おとべん書房，民國 65 年 12 月（昭和 51 年 12 月）發行。

38. 《中國書畫（人物畫）》，佘城，台北，光復書局，民國 70 年 10 月出版，158 頁。

39. 《三希堂茶話》，袁旃，國立故宮博物院，民國 73 年 10 月出版，頁 155。

40. 《隋、唐、五代瓷器》，中華五千年文物集刊·瓷器篇二，童依華，國立故宮博物院中華五千年文物集刊編輯委員會，民國 74 年出版，178 頁。

41. 《海外遺珍（陶瓷）》，國立故宮博物院編輯委員會，民國 75 年 3 月發行，200 頁。

42. 《故宮書畫錄》八卷，國立故宮博物院編輯委員會，民國 54 年 12 月發行。

43. 《故宮名畫》全十輯，國立故宮博物院編輯委員會，民國 55 年－57 年發行。

44. 《故宮名畫三百種》全六冊，國立故宮博物院，民國 69 年 5 月發行。

45. 《唐宋元明名畫大觀》（含續足本），台北，成文出版社，民國 65 年 1 月出版。

46. 《陳洪綬畫集》，佘毅，台北，中華書畫出版社，民國 63 年 5 月出版，82 頁。

47. 《中國經濟史考證》（中譯本），日·加藤繁，台北，華世出版社，民國 70 年 9 月發行，1327 頁。

48. 《中國經濟社會史概說》（中譯本），日·加藤繁，台北，華世出版社，民國 67 年 9 月發行，173 頁。

49. 《三國史記》（附中譯），五十卷，高麗·金富軾，韓國，乙酉文化，1983 年 5 月發行。

50. 《茶葉全書》（中譯本），美·威廉烏克斯（William H. Ukers），桃園，茶學文學出版社，民國 77 年 5 月發行。

（二）論 文

1. 〈說茶〉，于景讓，《大陸雜誌》，第五十四卷第六期，民國 66 年 6 月印行，頁 1－6。

2. 〈唐宋時代揚州經濟景況的繁榮與衰弱〉，全漢昇，《國立中央研究院歷史語言研究所集刊》，第十一本，上海商務印書館，民 36 年 7 月發行，

頁 1－28。

3. 〈中國的茶葉產區分布及其特色〉（上），吳振鐸，《華學月刊》，第 132 期，台北，中國文化大學出版部，民國 71 年 12 月出版，頁 6－10。

4. 〈從茶藝的涵義談到中國青茶的特徵〉（演講文），吳振鐸，《茶藝月刊》，第 31 期，台北，陸羽茶藝中心，民國 72 年 10 月發行，頁 243－246。

5. 〈略論唐代的錢帛兼行〉，李埏，《歷史研究》，第一期，1964 年出版，頁 169－190。

6. 〈唐代飲茶風氣探討〉，李正三，《國立編譯館館刊》，第十三卷第二期，民國 73 年 12 月發行，頁 208－228。

7. 〈茶話・茶畫〉，宋后玲，《故宮文物月刊》，第一卷第四期，國立故宮博物院，民國 72 年 7 月發行，頁 103－107。

8. 〈飲茶、茶具（器）與紫砂陶器〉，《茶具（器）文物館羅桂祥藏品》下冊，宋伯胤，香港藝術館，1984 年印行，頁 8－13。

9. 〈古代瓷器〉，收入於《考古學基礎》，佚名，台北，弘文館出版社，民國 74 年 9 月出版，頁 232－241。

10. 〈中國飲茶風俗發展簡介〉，佚名，《茶具（器）文物館羅桂祥藏品》上冊，香港藝術館，1984 年印行，頁 14－19。

11. 〈唐宋時代的茶具（器）與酒具〉，孫機，《中國歷史博物館館刊》，總第四期，北京，文物出版社，頁 113－122。

12. 〈歷代茶葉專賣史略〉，徐方幹，《中農月刊》，1942 年出版，第三卷第一期。

13. 〈唐代驛制考〉，陳沅遠，燕京大學史學年報，第一卷第五期，北平，景山書社，民國 22 年 8 月出版，頁 61－93。

14. 〈中國茶業史論〉，陳祖槼，《金陵學報》，第十卷第一、二期合刊，台北，東方文化書局，民國 68 年春季出刊，頁 189－234。

15. 〈茶與唐宋思想及政治社會關係〉，程光裕，《中國茶藝論叢》，第一輯，台北，大立出版社，民國 74 年 5 月發行，頁 1－64。

16. 〈茶經考略〉，程光裕，《華岡學報》，第一期，中國文化研究所，民國 54 年 6 月出版，頁 93－223。

17. 〈茶與鬥茶〉，張臨生，《故宮文物月刊》，第一卷第七期，國立故宮博物院，民國 72 年 10 月發行，頁 4－10。

18. 〈唐代茶稅研究的回顧與檢討〉，張榮芳，《東海大學東海學報》，第廿六卷，民國 74 年 6 月出版，頁 101－102。

19. 〈試論唐朝茶樹栽培技術及其影響〉，張秉倫、唐耕耦，《中國科技史文集》，台北，蒲公英出版社，民國 75 年 6 月出版，頁 41－49。

20. 〈茶書二十九種題記〉，萬國鼎，《圖書館學季刊》，第五卷第二期，中華圖書館協會，民 20 年 6 月出版，頁 191－209。

21. 〈唐代鹽和茶的專賣〉，傅舉有，《史學月刊》，第三期，1960 年出版。

22. 〈宋代四川地區的茶業和茶政〉，賈大泉，《歷史研究》，第四期，1980年出版，頁 109－122。

23. 〈茶稅之沿革〉，潘忠義，《國際貿易導報》，第六卷第六號，1934 年出版。

24. 〈茶稅始年辨析〉鮑曉娜，《中國史研究》，第四期，1982 年出版，頁 49－52。

25. 〈唐代南方茶山之經濟形態〉，錢穆，《責善半月刊》，第二卷第十七期，私立齊魯大學國學研究所，1968 年 5 月出版，頁 18。

26. 《明代茶之研究——以內茶與邊茶爲主》，戴月芳，東海大學《歷史研究》所碩士論文，民國 74 年 5 月出版，308 頁。

27. 〈唐代的名茶及其流通〉（中譯本），日・布目潮渢撰，許賢瑤譯，《茶與藝術雜誌社》，第二卷第三期，民國 75 年 12 月出版，頁 12－28。

28. 《中韓兩國飲茶禮俗之研究》，韓・金正奎，國立台灣師範大學國文研究博士論文，民國 73 年 9 月出版，284 頁。

二、日　文

（一）專　書

1. 《中国の茶書》，布目潮渢、中村喬，東洋文庫(二八九)，日本東京，平凡社，1983 年 6 月發行，374 頁。

2. 《茶經中卷茶具（器）圖解》，春田永年，見福田宗位《中国の茶書》，日本東京，東京堂，1974 年發行。

3. 《茶道全集》，諸岡存，日本東京，創元社，1925 年發行。

4. 《茶經評釋》二卷，諸岡存，日本東京，茶業組合中央會議所，1941 年刊行。

5. 《訳註語石》，石刻書道考古大系，三卷，藤原楚水，日本東京，省心書房，1978 年 11 月發行。

6. 《西安碑林書道芸術》，宮川寅雄、伏見沖敬，日本東京，講談社，昭和 54 年 7 月發行，283 頁。

7. 《支那名畫寶鑒》，原田謹次郎，日本東京，大塚巧藝社，昭和 11 年 15 日發行，1000 頁。

8. 《毛詩品物圖攷》，浪華岡元鳳，見《詩經動植物圖鑑叢書》（上、下二冊），台北，大化書局，民國 66 年 5 月景印發行。

9. 《毛詩名物圖説》（清・徐雪樵撰），小野蘭山，台北，大化書局，民國66年5月景印發行。

（二）論　文

1. 《白居易の喫茶》，布目潮渢，三上次男博士喜壽紀念論文集・歷史編，日本東京，平凡社，昭和60年8月發行，頁121—134。

2. 《唐代の名茶とその流通》，布目潮渢，小野勝年博士頌壽紀念，東方學論集，日本京都，龍谷大學東洋史學研究會，1982年12月發行，頁255—285。

3. 《唐宋時代におゐ喫茶の普及》，布目潮渢，歷史教育，第十四卷八號，1966年發行，頁27—34。

4. 《茶と歷史》，佐伯富，史原，第六期，台大歷史學研究所，民國64年10月發行，頁1—15。

5. 《唐代の茶》，篠田統，生活文化研究，第十一號，1962年出版，頁113—114。

三、英　文

1. William H. Ukers，All About Tea.（2 vol.）（New york, The Tea and Coffee Traoe Journal Company, 1935）

2. Francis Ross Carpenter, Lu Yü The Classic of Tea （Boston, Little Brown and Company, 1974）

附　圖

附圖一　楚州懷陰縣婆羅樹碑幷序　附圖二　唐少林寺靈運禪師功德塔
（局部）〔唐玄宗開元十一年　　　　碑銘幷序（局部）〔唐玄宗
（723）李邕撰〕　　　　　　　　　天寶九年（750）崔琪撰〕

摘自：日·藤原楚水《語石》卷九，　　摘自：日·藤原楚水，《語石》卷三，
　　頁151，省心書房。　　　　　　　頁580，省心書房。

附圖三　唐大興善寺故大德大辯正廣　附圖四　唐國師千福寺多寶塔故法華
智三藏和尚碑銘幷序（局　　　　　楚金禪師碑（局部）唐德宗
部）唐德宗建中二年（781）　　　　貞元二十一年（805）吳通微書
徐浩書

摘自：日·宮川寅雄、伏見沖敬《西　　摘自：日·藤原楚水《語石》，卷三，
　　安碑林書道藝術》，頁128，　　　　頁547，省心書房。
　　講談社。

附圖五　玄秘碑塔銘（局部）唐武宗會昌元年（841）柳公權書

摘自：日・藤原楚水《語石》，卷二，頁260，省心書房。

附圖六　唐故圭峯定慧禪師傳法碑　附圖七　唐顏真卿竹山聯句題潘氏書堂
　　　　并序（局部）唐宣宗大中九　　　　　　（局部）
　　　　年（855）裴休撰并書

摘自：日・藤原楚水《語石》，卷　　　摘自：《中華五千年文物集刊》，法書
　　　七，頁513，省心書房。　　　　　篇，頁173，國立故宮博物院。

附圖八　苦菜

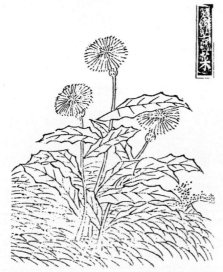

摘自：孫星衍校、姚之麟摹繪，《爾雅
　　　音圖》，卷下，頁 4，廣文書局。

附圖九　白茅

摘自：吳其濬，《植物名實圖考》
　　　卷八，頁 166，台南北一出
　　　版社。

附圖一〇　虎杖

摘自：唐慎微《重脩政和經史證類
　　　本草》，卷十三，頁 351，台
　　　灣商務印書館。

附圖一一　委葉

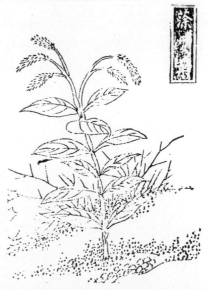

摘自：孫星衍校，姚之麟摹繪《爾雅
　　　音圖》，卷下，頁 18，廣文書局。

附圖一二　梔子　　　　　　附圖一三　茗（即茶、苦茶）

摘自：王圻《三才圖會》，頁 2567，　　摘自：唐慎微《重脩政和經史證類本
　　　成文出版社。　　　　　　　　　　　　　草》，卷十三，頁 342，臺灣商
　　　　　　　　　　　　　　　　　　　　　務印書館。

附圖一四　皋蘆

摘自：《茶與藝術雜誌》，第二卷第六期，頁 75，民國七十六年五月。

圖一五　唐・張萱《明皇合樂圖》

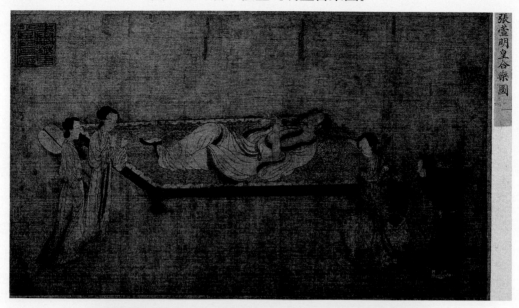

（局　部）

國立故宮博物院藏品。本圖由國立故宮博物院授權刊印。

附圖一六之一　日・春田永年《茶經中卷茶具圖解》

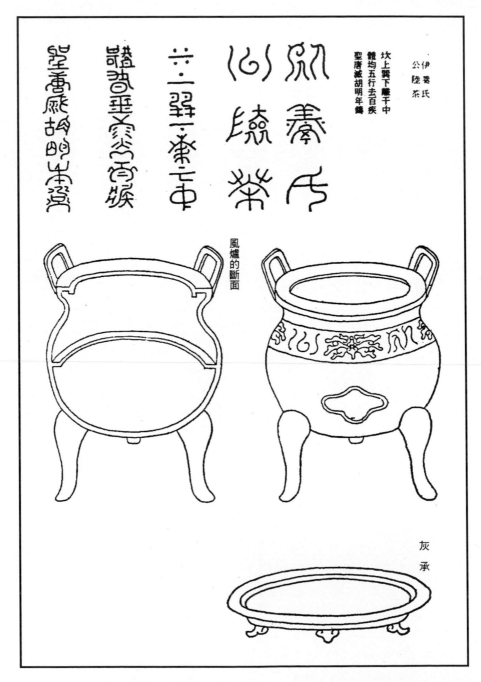

摘自：朱小凡《茶史茶典》，頁 59〜65，世界文物出版社。（下同）

附圖一六之二

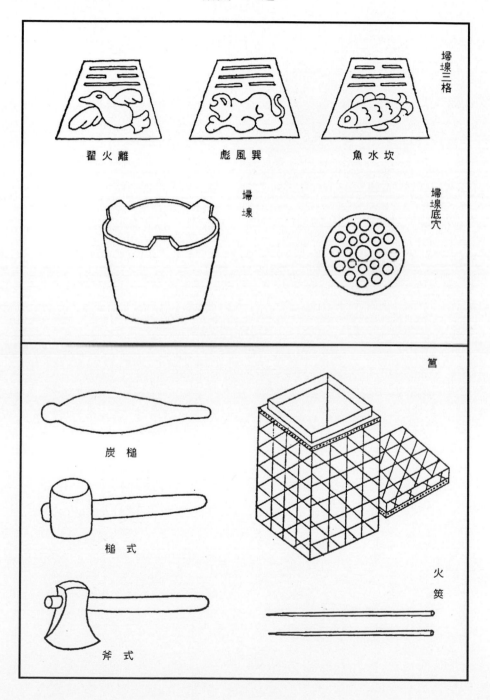

埤塊三格

翟火離　　　　彪風巽　　　　魚水坎

埤塊

埤塊底穴

筥

炭槌

槌式

斧式

火筴

附圖一六之三

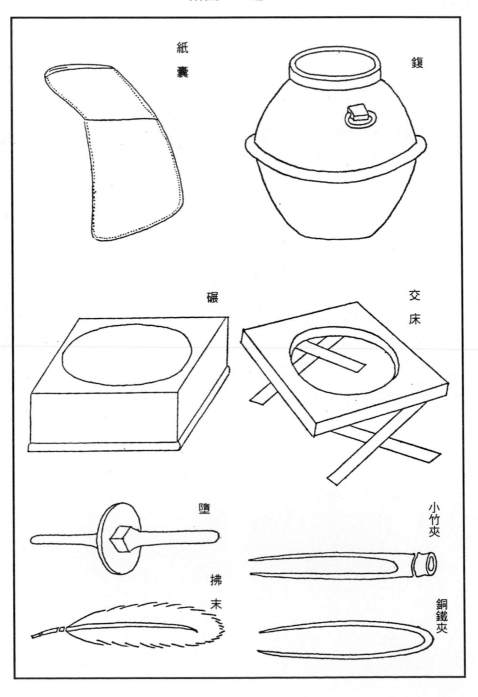

附圖一六之四

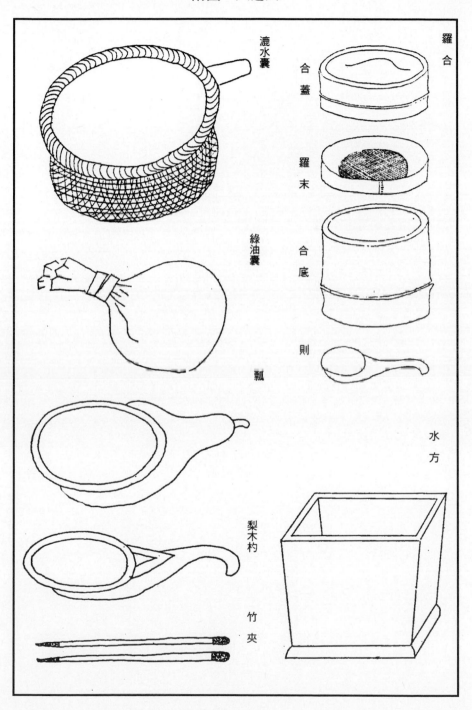

漉水囊

綠油囊

瓢

梨木杓

竹夾

羅合

合蓋

羅末

合底

則

水方

附圖一六之五

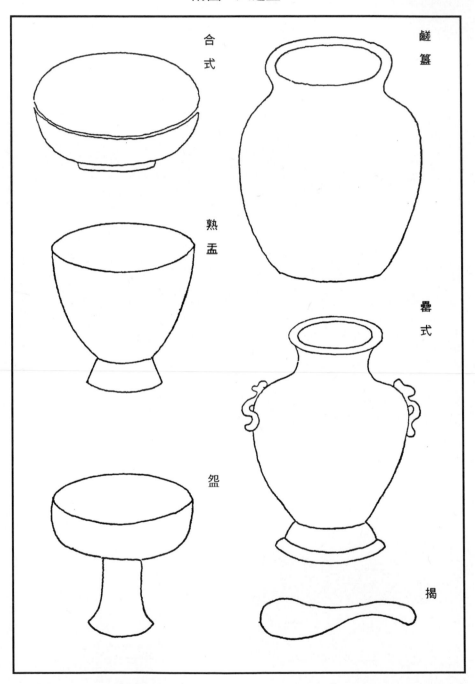

附圖一六之六

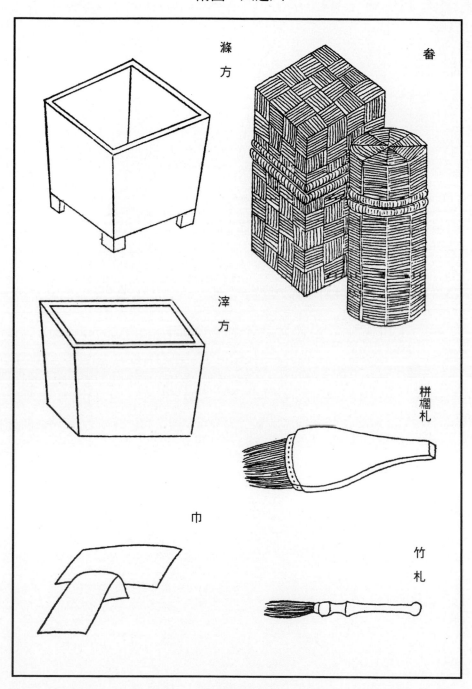

附圖一六之七

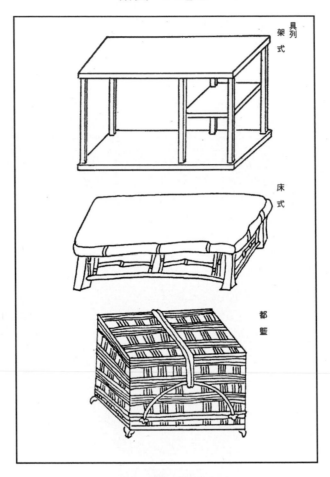

具列架式

床式

都籃

附圖一七　唐・茶鎗（金）

摘自：張宏庸《茶藝》，頁 24，幼獅文化事業公司。

附圖一八　唐・閻立本《蕭翼賺蘭亭圖》

（局　部）

國立故宮博物院藏品。本圖由國立故宮博物院授權刊印。

附圖一九　明・陳洪綬　問月（以銚煮水）

局　部

摘自：余毅《明陳洪綬畫集》，頁 65，中華書畫出版社。

附圖二〇　青釉劃花蓮瓣盞托（南朝）

摘自：《中國出土瓷器全集‧浙江》，頁88，北京：科學出版社，2008年。

附圖二一　老導家茶社瓶（唐文宗大和三年（829）出土）

摘自：《中國博物館館刊》總第四期，頁115。

附圖二二　青釉雙系雞首壺（東晉）（江西省文物考古研究所藏）

摘自：《中國出土瓷器全集‧江西》，頁14，北京：科學出版社，2008年。

附圖二三　唐　白瓷水注（石家庄市博物館藏）

摘自：《中國出土瓷器全集‧河北》，頁49，北京：科學出版社，2008年。

附圖二四　唐　花釉水注（河南博物院藏）

摘自：《中國出土瓷器全集‧河南》，頁 98，北京：科學出版社，2008 年。

附圖二五　唐代茶產地全圖

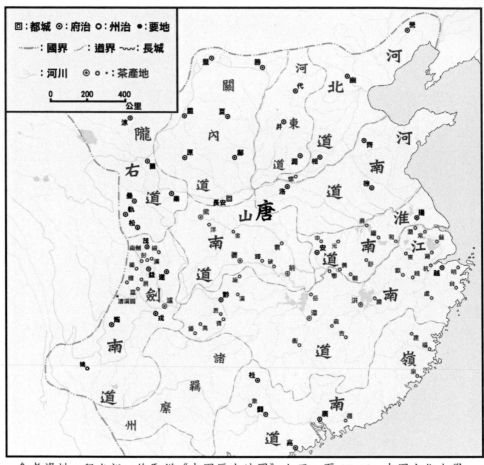

參考資料：程光裕、徐聖謨《中國歷史地圖》上冊，頁 45-46，中國文化大學。
（電腦繪圖：承國立故宮博物院研究助理林加豐協助，特此誌謝）

附圖二六　隋代漕運圖

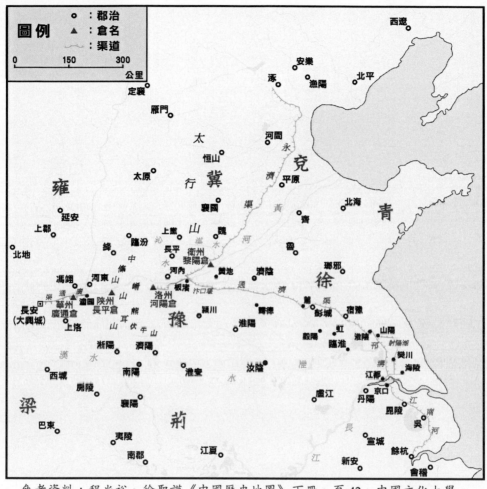

參考資料：程光裕、徐聖謨《中國歷史地圖》下冊，頁42，中國文化大學。
（電腦繪圖：承國立故宮博物院研究助理林加豐協助，特此誌謝）

附圖二七　唐代名茶流通路線圖

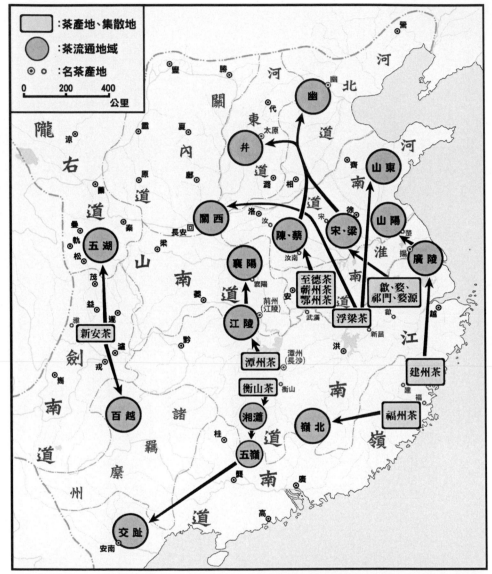

參考資料：上圖係依據日‧布目潮渢〈唐代の名茶とその流通〉，小野勝年博
　　　　　士頌壽記念《東方學論集》，頁 280 之底圖，及以唐代地名、關係
　　　　　位置稍作修改繪製而成。

（電腦繪圖：承國立故宮博物院研究助理林加豐協助，特此誌謝）

附圖二八　唐代貢茶產地

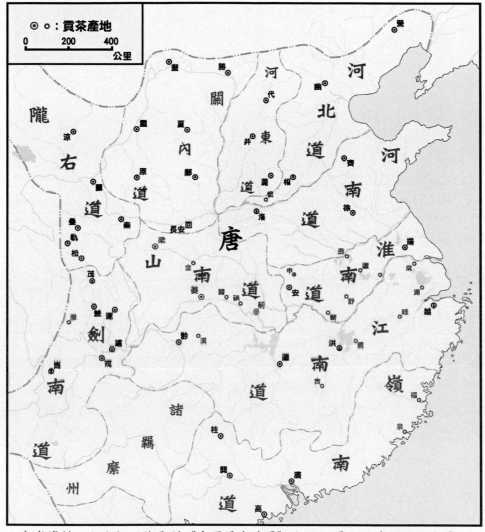

參考資料：程光裕、徐聖謨《中國歷史地圖》上冊，頁45，中國文化大學。

（電腦繪圖：承國立故宮博物院研究助理林加豐協助，特此誌謝）

附圖二九　唐人《宮樂圖》

國立故宮博物院藏品。本圖由國立故宮博物院授權刊印。

附圖三〇　唐‧周昉《聽琴啜茗圖》（美國納爾遜藝術陳列館藏）

摘自：佘城《中國書畫》人物畫編，光復書局，頁 22、23。

附圖三一　南宋・錢選《盧仝烹茶圖》

國立故宮博物院藏品。本圖由
國立故宮博物院授權刊印。

（局部）

附圖三二　　南宋‧劉松年《盧仝煎茶圖》（日本‧岡田壯郎藏）

摘自：《唐宋元明名畫大觀》，頁 67，成文出版社。

附圖三三　元‧趙原《陸羽烹茶圖》

國立故宮博物院藏品。本圖由國立故宮博物院授權刊印。

附圖三四　明·文徵明《陸羽烹茶圖》

國立故宮博物院藏品。本圖由國立故宮博物院授權刊印。

附圖三六　日本·佚名　摹清·王鑑《陸羽著茶經圖》

摘自：張宏庸《陸羽圖錄》，頁 223，茶學文學出版社。

附圖三五　明・丁雲鵬《玉川煮茶圖》

摘自：原田謹次郎《支那名畫寶鑒》，日本東京大塚巧藝社，頁 657。

附　記

　　學術研究是一條「要怎麼收獲，先問那麼栽」的現實道路，其過程是孤寂的，而果實是甜美的。儘管過程孤寂、崎嶇、艱辛……等，雖一時碰到荊棘、受挫，甚至徘徊、失望、落寞，然終須經得起考驗，重新拉回現實的學術研究道路，最終必能綻放出瑰麗的光茫，以此共勉。（庚寅歲末暨辛卯年初付梓前感言）